国家自然科学基金青年项目：PPP项目混合组织人为风险
征视角（项目编号：71602084）
江苏高校哲学社会科学研究基金项目：PPP项目政府主
（项目编号：2016SJB630032）

经济管理学术文库·管理类

PPP项目行为风险研究
——基于个体特征视角

A study on the behavioral risks in PPP projects
—From the perspective of individual characteristics

彭以忱／著

经济管理出版社
ECONOMY & MANAGEMENT PUBLISHING HOUSE

图书在版编目（CIP）数据

PPP 项目行为风险研究：基于个体特征视角/彭以忱著. —北京：经济管理出版社，2019.10
ISBN 978-7-5096-6899-3

Ⅰ.①P… Ⅱ.①彭… Ⅲ.①政府投资—合作—社会资本—风险管理—研究
Ⅳ.①F830.59 ②F014.391

中国版本图书馆 CIP 数据核字（2019）第 195642 号

组稿编辑：杨国强
责任编辑：杨国强　张瑞军
责任印制：黄章平
责任校对：张晓燕

出版发行：经济管理出版社
　　　　　（北京市海淀区北蜂窝 8 号中雅大厦 A 座 11 层 100038）
网　　址：www. E-mp. com. cn
电　　话：（010）51915602
印　　刷：北京晨旭印刷厂
经　　销：新华书店
开　　本：720mm×1000mm/16
印　　张：14
字　　数：181 千字
版　　次：2019 年 11 月第 1 版　2019 年 11 月第 1 次印刷
书　　号：ISBN 978-7-5096-6899-3
定　　价：78.00 元

目　录

第1章　绪　论 ……………………………………………… 001

　1.1　研究背景及意义 ………………………………………… 001

　1.2　文献综述 ………………………………………………… 005

　1.3　研究内容 ………………………………………………… 023

第2章　PPP 融资模式与利益协调 ……………………… 027

　2.1　概念及特征 ……………………………………………… 027

　2.2　参与方 …………………………………………………… 029

　2.3　合同结构 ………………………………………………… 031

　2.4　BOT 模式 ………………………………………………… 033

　2.5　PPP 模式 ………………………………………………… 038

　2.6　政府与企业利益冲突及协调难点 ……………………… 042

　2.7　项目公司与总承包商利益冲突及协调难点 …………… 044

　2.8　项目成功关键因素分析 ………………………………… 045

　2.9　本章小结 ………………………………………………… 047

第3章　PPP 项目参与主体的决策行为 ···················· 049

　　3.1　有限理性论与管理决策 ························· 049

　　3.2　有限理性成因及影响 ·························· 055

　　3.3　项目主体决策中的有限理性 ···················· 060

　　3.4　本章小结 ······························ 065

第4章　基于过度自信的 BOT 项目总承包工期激励模型 ········ 067

　　4.1　引言 ································· 067

　　4.2　工期激励描述 ···························· 072

　　4.3　总承包工期激励模型 ·························· 073

　　4.4　求解与最优激励合同设计 ······················ 077

　　4.5　本章小结 ······························ 084

第5章　PPP 项目政府主体特征与企业风险性研究 ··············· 087

　　5.1　引言 ································· 087

　　5.2　政府、政府主体与企业项目风险性 ················· 090

　　5.3　基于社会嵌入情境下的 PPP 项目政企互动 ············ 095

　　5.4　研究数据与研究方法 ·························· 100

　　5.5　研究结果与结论 ··························· 106

　　5.6　本章小结 ······························ 114

第 6 章 PPP 项目政府主体特征对项目不稳定性的影响 ········ 117

　　6.1 引言 ·· 117

　　6.2 理论基础与研究假设 ·································· 118

　　6.3 研究设计 ··· 125

　　6.4 实证结果和分析 ····································· 128

　　6.5 稳健性检验 ·· 137

　　6.6 本章小结 ··· 140

第 7 章 企业 CEO 政治关联对 PPP 项目不稳定性的影响 ······ 145

　　7.1 引言 ·· 145

　　7.2 理论基础与研究假设 ·································· 147

　　7.3 研究方法与研究设计 ·································· 158

　　7.4 实证结果和分析 ····································· 165

　　7.5 本章小结 ··· 176

第 8 章 结论与展望 ··· 181

　　8.1 本书的研究结论 ····································· 181

　　8.2 后续研究展望 ·· 184

参考文献 ··· 185

后 记 ·· 215

第1章 绪 论

1.1 研究背景及意义

1.1.1 研究背景

据中国社会科学院 2013 年 1 月发布的《2012 年社会蓝皮书》统计，2011 年中国城镇人口比重千年来首次超过农业人口，占总人口比重达到 50%以上，这一数据标志着我国进入了以城市社会为主的新阶段，党的十八大以后，新型城镇化建设更成为我国未来经济社会建设的主要工作方向之一。随着城市化水平的提高，城市经济和人口的增长引发了公众对基础设施和公用事业的需求迅速增长。在应对始于 2008 年的国际金融风暴中，中央政府出台了十大措施以及 40000 亿元的投资，其中基础设施建设约占 15000 亿元。而新一届政府将新型城镇化建设作为破局经济困境战略之举，2016 年 2 月 25 日，中国财政部长在基础设施投资高级别研讨会上表示："中国政府特别强调推广 PPP 模式，因为 PPP 模式不仅有助于增加有质量和效益的投资，特别是基础设施投资，扩大总需求，同时有利于推动供给侧的结构改革，促进简政放权，破除垄断，便利市场准入，激发市场活力。PPP 模式的推广是中国供给侧结构改革的一个重要组成部分。"由此可见，我国政府力推 PPP 模式已不仅期望其缓解地方政府财政难题，更将其作为解决当前经济问题的重要手段，将要带动新一轮数十万亿的建设投资。如何创新 PPP 模式和政府管理模式，有效地将民间资本引向基础设施和公用事业，满足新型城镇化发展需求，成为迫切需要探讨的课题。

长期以来，为便于集中经营，发挥公共项目的规模经济性，我国基础设施的投资、经营和管理主要是由政府完成的。但是，这一模式的弊端随着基础设施建设的项目增多、投资额增长、管理复杂度增加而日益凸显。一方面，由于国有企业经营者没有剩余利润索取权，却掌握剩余利润的控制权，导致生产成本意识淡薄，管理水平低、成本超支、工期延长、质量不过关甚至官僚对资源的独占和廉政等问题层出不穷（何寿奎，2009d）；另一方面，面对巨大的公用事业投资需求，各地政府均感到财政压力日益沉重，无法满足这种需求。因此，让具有活力的私营企业进入公用设施建设领域成为解决这一困境的有效方法，吸引民间资本、各类企业资金及外资，以市场化为特征的 PPP 模式应运而生。从国际经验看，PPP 模式不仅能够解决公众对基础设施以及各种公共事业的需求和政府资金不足这一矛盾，极大增进社会福利，还对政府提高市场化运作能力和管理创新，从而提高社会资源配置效率有着重大的意义。

自 1984 年我国出现第一批 BOT 项目，到 2013 年以来，国家密集出台 PPP 相关政策。中央明确表示要将 PPP 作为加快侧供给结构改革、增加公共服务供给新动能、推进国家治理体系和治理能力现代化的重要手段。2015 年 3 月 5 日，李克强总理在政府工作报告中提出，要在基础设施等领域积极推广 PPP 模式。2015 年 5 月 19 日，国家财政部、国家发展改革委、中国人民银行出台《关于在公共服务领域推广政府和社会资本合作模式的指导意见》①，由国务院办公厅转发，将 PPP 提升至前所未有的战略高度。无论是对供给侧改革，还是对"一带一路"和新型城镇化建设，PPP 都将起到积极的牵引作用。截至 2018 年 12 月 31 日，全国 PPP 综合信息平台项目库的入库项目合计 8649 个，累计投资额高达 15.1 万亿元。然而，近年来，伴随着 PPP 项目井喷式的增长，其草率签约、随意违约与提前终止的现象屡见不鲜。虽然财政部在其发布的《PPP 项目合同指南（试行）》②第二章第十八节规定了"违约、提前终止及终止后处理机制"的条例，《政府和社会资本合作项目通用合同指南》③第十二章、第十三章也分别规定了"合同解除""违约处理"的措施，但遗憾的是，这些被认为是止血针的条款并没有起到及时补救的作用，PPP 项目提前终止的状况依然层出不穷，项目风险很大。

从项目所处环境的角度出发，PPP 项目面临着系统风险和非系统风险，这些风险给 PPP 项目带来了不稳定性。非系统风险又称人为风险，如政策变更、提前终止等；系统风险又称客观存在风险，如技术风险、市场风险、自然灾害等（何旭东，2011）。分析这些案例，我们可以发现，大多数项目无法进行并非由于市场环境或其他外在原因导致，也并非一句管理水平落后即可概括，而是双方合作中出现的种种矛盾导致了失败。因此，虽然 PPP 模式开始被运用于基础设施建设中，但在实际应用中存在大量的问题，成功率并不理想。所以，学者们对国家财政部 2013 年底以来在全国试点推出示范项目，力图大力推进 PPP 模式心存忧虑（段柳，2014）。

从理论层面看，无论是政府、私营财团，还是其他参与方，作为 PPP 项目的决策主体，其选择与决策代表了其利益诉求，决策的结果决定了

①http：//www.gov.cn/zhengce/content/2015−05/22/content_9797.htm.

②http：//jcz.cq.gov.cn/html/content/15/01/13951.shtml.

③http：//www.ndrc.gov.cn/zcfb/zcfbtz/201412/t20141204_651012.html.

PPP 项目的成败。国内外现有关于工程项目管理决策问题的研究，大都假设参与主体是完全理性的，即面临决策时总有清晰的问题结构、明确的目标、无限的认识能力以及明确稳定且一致性的偏好等。而事实上，在决策过程中决策者很难达到这种程度的理性，面临利益抉择时对自身和其他利益相关者的风险偏好、心理预期、对合作过程中的公平感知和满意程度以及可能出现的行为风险的信息均不能完全掌握，甚至所签订的契约也都是不完备的，不能对未来出现的各种可能一一罗列、周密安排，在投资额较大的基础设施建设中，这种现象更为突出。1955 年，西蒙提出了"有限理性"的思想，认为人的行为"意欲合理，但只能有限达到"，这一观点为行为科学的发展奠定了理论基础，使得决策者们意识到自己对信息的掌控能力并不是完备的，处理信息的能力也是有限的，在决策过程中会受到自身和其他利益相关者"非理性"因素的影响。有限理性思想在行为经济、行为金融等领域已经得到了广泛的关注（李心丹，2004；姜波克和薛斐，2004）。许多学者研究了有限理性下的个体决策行为，也逐渐有学者将其拓展到工程项目管理决策中（雷丽彩，2012D；李真等，2012）。由于 PPP 项目的特殊性，其参与主体比一般工程项目更多，周期更长，不确定性更强，管理也更为复杂。因此，对于 PPP 项目的管理决策不仅要以行为理论决策为依据，同时要进一步探悉更符合客观实际的决策者主体特征，进而研究他们的行为模式，优化 PPP 模式的契约安排，以期妥善解决利益相关者间的矛盾冲突，降低项目风险，这是本书研究的重点。

1.1.2　研究意义

特许决策是 PPP 项目契约安排的基础。当前 PPP 项目决策管理更多是在传统决策理论的指导下，将重点放在"理性"决策人如何选择可以最大化自身收益这一问题上，缺乏对决策者复杂的主观因素以及外部环境影响的考量。本书引入行为科学的研究成果对特许决策进行深入分析，并试图打开决策过程的黑箱，分析其决策过程的影响因素，是对现有特许决策理论研究的重要扩展，既可在这一领域里厘清、界定"有限理性"的不同表现形式及产生原因，深化对"行为决策"内在过程的理解，也有助于在发掘 PPP 项目中个体决策行为的特殊性中拓展行为科学的理论内涵。

从现实层面上说，作为项目投资主体的私营企业，期望通过投资 PPP 基础设施建设来获取经济利益；而决策主体的另一方——政府则代表公众利益追求项目的社会效益。然而在各种利益和复杂动机驱动下，政府追求的利益可能是多元的，包括政府自身利益、政府关键领导人个人利益最大化等，不单纯是社会公众利益。另外，虽然就目前而言，政府对企业的发展可能仍然具有至关重要的作用，但反过来，企业是否也有可能会在一定程度上影响 PPP 项目的稳步发展？因此，围绕一个基础设施项目，政府、项目公司和公众等有着不同的利益诉求。作为工程项目参与决策的主体，政府和项目公司对其不同利益的追求直接影响到了基础设施项目的社会效益。综上，本书认为，从决策过程的角度研究如何解决 PPP 项目利益相关者间的矛盾与冲突，使项目稳定具有十分重要的意义。

本书结合实证分析、博弈论和数值模拟等方法，从契约激励，主体行为风险防范等多个角度对如何规避项目中决策参与方行为风险这一科学问题做出研究，希望从理论上填补现有研究的不足，并给出相应的政策建议，有助于推进 PPP 模式在投资额较大的基础设施建设中的运用。

1.2　文献综述

根据学术界的研究重点、逻辑顺序及本书研究内容，在此主要从 PPP

模式的应用，PPP 项目风险研究、契约设计，工程项目参与主体行为风险研究和有限理性及行为决策几个方面对现有文献进行综述。

1.2.1　PPP 模式的应用

BOT 模式是 PPP 最为主要、最早出现的形式。随着 BOT 模式不断被普及推广，各国学者纷纷对本国 BOT 项目展开了研究。Chen 和 Doloi（2008）研究了在中国背景下 BOT 模式的应用，根据 BOT 项目形式的不同分别梳理出其优势和劣势。发现政府的基础设施项目建设资金需求不足是中国 BOT 发展的主要驱动力，而相关法律体系不健全和基础设施产品或服务市场价格过低，是中国 BOT 发展的最主要障碍。在随后的研究中，Chen（2009）以成都 6 号水电站作为试点，应用 BOT 融资模式这一案例进行了分析，发现中央政府支持的 BOT 项目比地方政府发起的 BOT 项目成功率要大，因为地方政府面临更大的风险。Wang 和 Tong（2000）以中国第一个 BOT 项目广西来宾电厂 B 作为案例，探讨了政府在 BOT 项目中应提供的保障，包括能源、土地、设备、外汇及政府信用风险补偿等。除了中国，印度尼西亚等其他亚洲国家的学者同样意识到了 BOT 模式渐渐成为基础设施的重要融资渠道。Tan（1999）对早期泰国等东南亚国家地区的 BOT 项目案例进行了归纳总结，认为 BOT 项目成功的关键因素在于政府相关经验、政府的体制及其信用。

而与在亚洲的情形不同，美国学者 Algarni 等（2007）以问卷的形式采访了美国政府及各大财团，发现只有少数的政府部门愿意以 BOT 模式进行融资，因为他们并不缺少资金，且对 BOT 项目的成功没有把握。可以看出，BOT 融资模式在发展中国家更受欢迎。

通过对文献的梳理可以看出，这一类研究大多出现在 BOT 模式发展初期。学者们通过实证的方法探讨了 BOT 模式在不同国家地区的应用情况，这些案例研究为后人研究 BOT 项目有效性及可行性问题提供了依据。

但缺乏对于像中国这种处于转型期的发展中国家 BOT 模式或 PPP 模式适用性研究，更缺乏风险发生机制研究。而在随后的文献中，学者们更侧重于研究 BOT 项目实施过程中面临的风险及如何通过契约设计达到规避风险的效果，更切合实际地给出了不同的分担和决策方案。同样，研究背景更多的是基于比较成熟的制度环境背景，因而研究结论对我国的适用性有待探讨。

1.2.2　PPP 项目风险及不稳定性研究

对于 PPP 项目来说，政府和企业作为合作的两方，它们之间如果出现了不稳定甚至关系破裂，其表象就是 PPP 项目被提前终止。这是 PPP 项目存在的风险，而这种风险主要来源于以下四个方面：一是项目的规模较大，需要投入大量的资金；二是项目的运行周期较长，从 10 年到 30 年，甚至更长，较长的周期期间会伴随很多不确定的因素；三是参与 PPP 项目的公私各方，因为利益目标的不同，导致协调管理难度较大，增加了项目的不稳定性；四是因为 PPP 模式的项目多是公共基础设施工程，一般无先例可循，这也增加了 PPP 项目的不稳定性（王舒，2012）。目前的研究表明，PPP 项目中的人为风险很多时候是因为委托方的决策不合理。在我国，委托方与被委托方之间往往地位不平等，因而代表委托方的政府官员的个人决策会对 PPP 的人为风险造成很大影响。本书认为，对被委托方的企业来说，他们能否顺利完成 PPP 项目并保证收益，也是这个项目能否顺利运作下去必不可少的条件。

随着 PPP 模式在世界范围内逐步推广与应用，不少学者对 PPP 模式的风险问题开展研究。

根据项目风险管理理论，风险识别、风险评价、风险分担机制是目前 PPP 模式风险研究的主要领域。最早研究这方面的国外学者将 PPP 项目模式的风险分为九类，并根据各个风险的特点，梳理出评价指标，并提出评价方法（Grimsey and Lewis，2002）。Li（2003）则将 PPP 项目风险进行分类，将其分为宏观风险、中观风险和微观风险三类，使 PPP 风险分担建立了初步体系。Loosemore 等（2006）总结了 PPP 模式下风险分担机制与收益对等需要遵循的原则和依据，认为风险的划分必须同收益的分配相结合。Shrestha（2011）通过 PEST 模型，对 PPP 项目的风险因素开展识别，并进行了描述、评价，对风险分担者提出建议。有学者提出，政府部门及社会资本应独自承担或共同承担的风险分类，主要针对新加坡 PPP 项目（Hwang et al.，2013）。

国内学者也对 PPP 项目风险进行了风险识别分析，提出风险的衡量方式，就两种风险分担情况设计模型并求出各自的最优风险分担权重（周运祥和曹国华，2005）。刘新平和王守清（2006）分析了风险分担的几大要素，并整理归纳了风险分担原则，以此为基础提出了风险分担的基本框架。涂铭和汪霄（2007）分析了 PPP 模式中加入风险分担机制的作用，并提出完整的风险分担机制应包含约束机制、激励机制和协商机制。陈柳钦（2008）提出了 PPP 项目的运作思路和成功条件，并强调能否成功的关键因素在于风险分担机制的合理设计。柯永建、王守清等（2008，2011）针对 PPP 项目中可能遇到的风险，利用实证等方法进行分类，并确定其来源与发生条件，以及哪些风险事件可能对项目造成影响。也有学者在对关键风险进行模糊分析时运用了 AHP 方法，在解释结构模型的基础上，构建集成融资的风险模型（袁义淞，2014）。不管是政府还是企业，都要确保公平的风险分担，因为任何机构都不可能在 PPP 项目预测方面做到完全准确。谁有控制力，谁来控制风险成本最低，就由谁去承担相应的风险（王守清，2016）。

风险承担行为关系到一个企业的成败（Nakano and Nguyen，2012），它反映了企业在投资决策过程中对项目的选择。

还有一类特殊风险是主体行为风险，本书随后将对其进行详细综述。

1.2.3　PPP 项目契约设计

目前，研究 PPP 项目契约设计的文献，主要是从特许权期，特许价格，政府担保及控制权分配几个角度进行。上述从各个方面展开的研究取得了很多有意义的成果，给了后续研究重要的启发。但大多数研究基于对各决策主体偏好一致性假定；或者假定各方参与人拥有项目信息是完备的，包括对项目实施以及项目运营情形可预见；模型在确定双方的目标追求或利益诉求时最大化取向往往是单一的，即某一利益的最大化。事实上，任何一个参与方尽管内心认为自己能够理性地追求利益最大化，而在现实中也无法实现，其中一个不可逾越的障碍来自自身的非理性的约束。此外，单一利益目标的假定也与行为主体的动机复杂性不符，所以需要对行为主体动机因素和偏好等进行更为全面的剖析。

1.2.4　工程项目中的行为风险

除了上述的风险外，工程项目还存在一类特定的风险，即行为风险。行为风险指的是由参与人追求自身利益的行为所产生的风险，其中包含了在委托代理问题中所涉及的道德风险。总结许多工程项目失败的案例，不难发现其部分原因可归结为工程项目参与主体行为风险，如道德败坏等所导致，由此带来的损失已经不是经济收益可以弥补的。在 PPP 项目的运作过程中，很多项目的失败也都可归结为政府或项目公司的信用风险问题。因此，防范参与人道德风险是提高工程社会效益的重要手段之一。

针对这一类风险，有学者将其称为非系统风险（何旭东，2011）。大部分学者在针对代理人行为风险的研究中，都是运用委托—代理框架下道德风险问题的研究方法进行探讨。经典的委托代理问题是由 Berle 和 Means 于 1932 年提出的，他们观察到企业所有权和控制权相分离这一事实，试图探讨这种分离产生的后果。委托代理理论认为，作为出资者的股东是企业的最终所有者，即委托人，经理是代理人。经理人员应以股东利润最大化为目标，但由于委托人和代理人的利益目标不一致、信息不对称和契约不完备等问题，代理人可能为追求自身利益而损害委托人的利益。应用这种分析框架的研究倾向于用委托人和代理人描述工程主体间的关系，认为在建设工程管理中所遇到的问题主要是由于委托方和代理方的信息不对称而导致的逆向选择或道德风险。早期的委托代理模型忽略了委托人同样存在行为风险的情况。后来，学者们针对委托人提出了双边道德风险规避的委托代理模型，利用锦标赛制度抑制委托人对代理人的"道德"风险。但还较少有学者应用这种方法研究委托人行为风险。

1.2.4.1 对于代理人行为风险的研究

这一类研究可概括为研究作为委托人的业主方怎样才能以最小的代价使得作为代理人的承建方或监理方愿意为了委托人的目标和利益而努力工作的问题（何旭东，2011D）。Winch（2001）从交易成本的角度首次提出了一个包含多个项目参与主体的概念框架。大量的文献以博弈模型分析了业主与承包商，监理方与承包商，以及业主、承包商与监理方三方在信息不对称下的最优策略问题。徐鼎（1999）对项目建设期工程承包商的败德行为进行了研究，构建了项目公司招标博弈模型和项目公司监控博弈模型，通过分析提出了约束承包商败德行为的具体措施。黄巫琳（2009D）根据 BOT 项目不同结构类型和流程中项目公司道德风险的产生和表现，将项目公司道德风险分为建设期和运营期两种情况。以此为基础讨论项目公司道德风险所带来的危害，并通过建立博弈模型，具体分析项目公司的道德风险行为对项目的收益及社会效益的影响。何旭东（2011）研究了工程项目利益相关者三方博弈模型，并考虑了监理方与承建商合谋情况下对第三方的影响。董志强和严太华（2007）基于代理成本理论通过一个 P—S—A 三层代理信息模型分析公共领域的监察合谋行为，发现防合谋合约并非单纯的让渡租金问题，而是在激励报酬和惩罚机制之间存在一个临界值，以反合谋成本系数是否超过临界值来决定是否对监察者支付激励报酬。

1.2.4.2　对于委托人行为风险的研究

随着工程廉政的问题日益严重，越来越多的学者意识到不仅代理方存在道德败坏的可能，政府作为委托方同样存在着寻租等行为风险。而作为代理人的承建方或监管方在面临政府寻租行为时，往往要承担更多的成本，对于工程社会效益也会产生巨大的损失，因此，对于委托人的行为风险的研究显得尤为重要。虽然已有少量文献对于工程项目中出现的寻租等行为进行了研究（项勇和陶学明，2005；乐云等，2012），但事实上对于廉政的研究，首先应考虑其定义。目前学术界普遍认可的定义有以下三类：世界银行和国际货币基金组织均认为腐败是滥用公共权力以达到私人目的或谋取私人的利益，而腐败的狭义是指国家工作人员以权谋私的政治腐败（Shleifer and Vishny，1993）。综上，尽管学术界尚未达成统一的定义，但对于腐败是指利用公共权力的权威以违反相关规定获取个人利益（Jain，2001）的观点是相同的。

因此，基于以上共识，我们可以进一步基于廉政行为影响的决策类型和权利来源将廉政行为分为三类。第一类是"大型腐败（Grand Corruption）"，指的是政治精英利用其掌握的至高无上的权利影响经济政策的制定，牺牲社会利益而满足个人利益（Jain，2001）。在这类极端情况下，政治精英认为个人财富与国家财富无异。第二类是"行政廉政（Bureaucratic Corruption）"（Rose-Ackerman，1998），指行政人员在与其上司或公众交往的过程中产生的腐败行为，这一类行为的普遍情况是，普通民众或企业需要通过贿赂行为才能获得行政审批便利或获得行政服务（Kaufmann，1997）。第三类是"立法廉政（Legislative Corruption）"，这一类是指立法者被利益团体买通从而改变其立法决策，保护利益集团利益。这一类廉政最常见的方式是"贿选行为"（Rose-Ackerman，1998）。我们认为，在 PPP 项目的运行过程中，三类行为均有可能存在。

当现代计量学与经济学不断发展时，学术界也随之兴起了对于廉政测度的研究。针对廉政程度的衡量，目前普遍认可的方法如下：第一种方法是主观调查法（林江等，2011），这一类方法比较著名的是各个指数的测度，如 CPI（腐败感觉指数）、CI（腐败指数）等。第二种方法是以廉政案件数的测度方法，学术界目前比较权威和普遍使用的是吴一平（2008）所采用的以每百万人口的案件数量作为测度，以及周黎安和陶婧（2009）所采用的以每千人党政机关在职职工数年均立案数的方法。第三种方法是过勇（2006）采用的微观数据分析法，采用统计描述方法探究廉政案件本身的特点。

对于廉政如何影响市场行为，回顾以往政治经济学文献，我们发现，政府腐败行为究竟是改善政府低效促进经济发展的"润滑剂"（Leff，1964；Huntington，1968），还是扭曲市场资源配置阻碍经济增长的"磨砂石"，一直是争论的核心。

有一部分学者认为，腐败对于经济是"掠夺之手"，他们的研究，发现政府中贪腐的发生将会抑制私人投资（Mauro，1995），将公共资源更多分配到非生产性领域造成无效与浪费（Goel and Nelson，2010），最终导致扩大收入差距（Tanzi and Davoodi，1998；Easterly，2007）。坚持腐败阻碍经济发展的学者更倾向于承认总是自发的，即政府对于市场是"掠夺之手"，行政人员在大部分条件下总是逐利的，从而产生了扭曲市场的作用，在市场失灵的情况下加剧了资源错配。

与之相反的是，支持政府对于市场作用是"帮助之手"的观点，支持这一观点的学者认为，腐败行为是发生在市场已经扭曲的前提条件下（而不是自发），因此贿赂可以帮助企业避开或加快政府低效的行政审批流程，实现了次优效率，进而促进了经济增长（Leff，1964）。用科斯的交易成本理论来理解，政府作为最大的一个企业，决定将资源分配或授权给予市场中的企业时，贿赂是其做决定的成本之一。Lui（1985）的排队模型和 Beck 和 Maher（1986）的"拍卖模型"均是以上述观点为基础建立的解释逻辑，企业既能通过贿赂官员展示自身优质的资源和信心，又因为贿赂行为提高了自身成本，之后提高生产效率，使得市场效率达到最优。从政府官员的角度出发，贪腐是一种隐性的收益补贴（Aidt，2009），只要企业盈利的条件下可以接受这一成本，贿赂不仅使得企业获取官员的信任，而且会促使官员更加积极配合企业在行政上的需求。

关于两派观点的实证研究中，都从地方政府官僚体系整体的贪腐程度出发研究对经济增长的影响，而且贪腐程度的衡量标准不一（用透明国际 CPI 指数和城市公职人员贪腐案件数较多，但前者数据主观性很强，后者与地方政府规模关系很大）。近年也有关于企业通过观察地方政府领导班子稳定性获取到可预测的信息，进而影响当地产业发展的研究（Zhu and Dong，2017）。

综上所述，可以看到虽然目前学术界对于廉政的学术化定义尚未有定论，但对于廉政的研究却从未停止脚步。对于廉政和经济增长的关系研究历史悠久，但对于"到底是导致经济增长还是抑制经济增长"的疑问在历经多年的研究之后尚未达成一致意见，并随着研究的深入引起了更多学者的热切讨论和积极的拓展。近年来，关于其分类和测度的研究逐渐发展起来，但目前 PPP 领域鲜有将 PPP 项目的稳定性与廉政（无论是官员廉政抑或是地级市廉政程度）相关联的研究，因此本书将 PPP 项目置于中国地级市廉政程度异质性的环境中，探究中国情境下政府官员对于 PPP 项目不稳定性的作用，是对这一研究的有力补充，也是本书可能的创新点。

1.2.4.3　基于实证分析的工程主体行为风险分析

Vee 和 Skitmore（2003）在澳大利亚的项目经理、建筑师和承包商中展开调研，受访者表示尽管没有上级主管或委托人要求他们实施或参与工程合谋行为，但他们都在一定程度上感受到诸如欺诈、围标、串标、泄密等工程合谋现象。Tabish 和 Jha（2011）利用德尔菲法做了一项有关印度政府公共工程项目采购的统计调研，结果显示，各项目参与方在交易透明、职业道德、公平竞争、合同监管及程序违规 5 个方面存在 15 种不规范现象。

然而，现有的行为风险研究主要是在委托—代理框架下进行的，受该框架影响，主要是研究由于信息不对称所引发的道德风险。但从行为风险更一般意义上看，行为风险不仅产生于信息不对称还包括其他因素，且委托方和代理方均存在行为风险的可能。但现有 PPP 项目类文献中，还较少对双边行为风险进行研究。因此，在建设工程管理中构建一个有效的双边道德风险分析框架，将委托方和代理方的行为风险同时作为研究对象，将成为一个新兴的研究领域。此外，PPP 项目主体行为风险产生的原因和外部影响因素也缺乏系统的研究。尤其是政府决策主体，即政府官员的行为风险研究目前只局限于识别和分类，且多从廉政和寻租的角度描述政府官员的行为。事实上，行为风险也包含了其他非道德层面的风险，政府官员在面临多种压力时在决策上会有所倾向，这种倾向和偏好不一定是廉政行为，对这一类的风险及其原因目前还鲜有学者关注，成为现有研究一大不足。

1.2.5　有限理性与行为决策

目前，PPP 研究的理论基础主要来自新古典经济学以完全理性和最优化作为前提，最初是伯努利提出基数效用这一概念，主张用概率反映不确定性的思想，其后 von Neumann 和 Morgenstern（1944）提出了期望效用函数，用序数效用理论完善了基数效用论，使得不确定条件下的决策问题研究有了突破性的进展。之后的新古典经济学家们使基于 EUT 的现代投资理论日趋完善。而以"理性人"假设为前提的经济学家们对其研究对象的"理性"程度及其信息的完整程度并不关心，他们只关心人们应该怎么做而不是如何做；另外，假设人在完全理性的前提下无须观察人的行为，可以省去大量的成本，并且他们在研究竞争问题时，认为只有理性的竞争者才能生存（西蒙，1955）。新古典经济学的研究传统深深地影响着 PPP 研究的逻辑前提假定。但事实上，在实践中，完全理性和最优化追求这两条假设基本上是不可能成立的。首先，信息的传递并非畅通无阻，人们不可能获得决策所需全部信息；其次，人的认知能力有限，对有限信息的处理能力也不能完全充分，尤其在面临复杂决策问题时会倾向于简化问题，用启发式进行判断，导致各种认知的偏差。此外，由于受到人的行为习惯和心理特点等主观因素影响，个体在真实的决策环境中能否按照期望效用最大化来进行决策，就成为了期望效用理论必须面临的考验。著名的阿莱悖论和埃尔斯伯格悖论反映了真实情景中个体行为系统地违反了期望效用准则，表现出一种"非理性"的行为。由此人们开始寻找新的理论来解释不确定条件下的决策行为，同时也对"经济人"假设产生了质疑。基于此，西蒙（1955）针对决策问题提出了"有限理性"的概念，认为人的行为"意欲合理，但只能有限达到"。不论是个人还是组织，决策过程不免受其认知、动机及能力等因素限制，因此他们掌握的信息是不完整的，且存在知觉偏差。因此和基于传统经济学"经济人"假设的决策目标不同，为了降低决策成本，人们在决策过程中并不能寻求"最优"，只能寻求"最满意"。人们不是完全理性，也不是完全非理性，而是"有限理性"的理念由此形成，并发展出了行为决策科学（Camerer，1998）。随着研究者们对个体行为中的心理特征的不断发掘，渐渐衍生出行为决策科学中的一些重要理论，决策科学从科学决策阶段转向了行为决策阶段，这必将对 PPP 研究产生越来越大的影响。

而在工程项目管理领域，考虑决策个体有限理性的文献还较少。李真等（2013）对业主和承包商具有公平关切下的工期优化问题进行了研究，研究表明，适度的公平关切能提高谈判成功率，也可使工期进行大幅度的优化。孟庆峰等（2012）将公平偏好引入对工程供应链质量管理的群体激励问题的研究中，研究表明，个体公平偏好对激励产生负面影响。雷丽彩（2012D）对有限理性下大型工程群决策问题进行了研究，认为大型工程群决策的复杂性来源于主体认知、行为和组织结构三个方面，并针对主体某些有限理性行为，如损失规避、参考点依赖、高估小概率等对决策群体的冲突关系协调问题进行了深入的研究。可以看出，目前研究项目管理的学者已开始注意到个体心理、认知、感情等因素对工程决策的影响，但还没有对工程决策主体"有限理性"的来源和影响因素进行更为系统的总结与归纳，且注重个体内因，如公平感知、损失规避、参考点依赖、高估小概率等认知层面的偏差对决策的影响，而对外部环境引起的个体动机、目标、需求等要素变化而导致的"非理性"行为问题还鲜有研究。

为满足基础设施建设及公共事业需求的 BOT 和 PPP 项目的投资决策与实施，比一般的投资决策更为困难，在复杂的外部环境影响下，内部的多决策主体更难以"完全理性"，需要新的理论支撑，有限理性理论更符合 PPP 项目的现实背景。本书从引起个体"有限理性"的影响因素出发，从内部和外部两个视角研究"非理性"行为和认知对 PPP 项目决策的影响，拓展了有限理性理论在工程项目管理领域的应用。

1.2.6　高阶理论

高阶理论由 Hambrick 和 Mason（1984）首次提出，这一理论的提出为管理学的研究，特别是高层管理者与企业战略和绩效之间的关系开辟了新的视角。高阶理论认为，高管的经验、价值观和人格特质影响他们对环境的解读，而这种解读又会影响他们的战略选择。具体来讲，高阶理论包含两个部分：第一，高管的行为是基于其个人对于战略环境的解读；第二，对外部环境的个性化构建是高管经验、价值观和人格特征综合影响的结果，并且可以用人口统计学特征作为对高管认知有效的替代性测量方式（Hambrick and Mason，1984）。从本质上说，高阶理论其实是高层管理者的认知理论（陈守民和郑洪亮，2009）。当管理者置身于复杂的战略情境下，他会根据心理因素，即他的价值观、认知模式、认知类型和个性特征进行分析定位后，也就是管理者对其面临的环境进行认知，进而通过自身产生的最终认识，进行战略的选择和决策的制定。但是，个体的心理因素往往置于"冰山之下"不可测，而显性的人口统计学特征可以从一定程度上反映出高管的心理特征，如信念和价值观（Kahalas and Groves，1979；Walsh，1988；Eisenhardt and Scohoonhoven，1990），并且基于其简约易测等特质（张建君和李宏伟，2007），可作为有效预测组织战略决策和绩效结果的指标。

1.2.7　影响 PPP 项目个体决策主要因素

1.2.7.1　政治关联

政治关联，英文是"Political Connection"或者"Political Relationship"，顾名思义，就是指政治上的联系或关系，最早由 Fisman（2001）提出。他认为这是企业与政府首脑之间的紧密私人关系。但因为不同国家的文化背景不同，所以外国学者对政治关联有不同的定义。有学者认为，如果企业中至少有一名高管是或大股东是政府官员，那么该企业就具有政治关联（Faccio，2006 & 2010）；有学者认为，只要企业的首席执行官曾经在政府部门任职，他也拥有政治关联（Bertrand et al.，2007）；有学者认为，若企业董事是选举会的委员之一，公司同样具有政治关联（Wong，2010）。

通过政治关联形成的途径划分，一般来说有两类，一类是先赋性政治关系，一类是后致性政治关系。从政治关联形成的途径区分政治关联类型，不但符合中国的转型经济环境，也能更合理地反映政治关联的形成机制。通过区分两种不同类型的企业 CEO 政治关联——先赋性和后致性（Linton，1936；Stark，2007）两种不同类型的企业 CEO 政治关联可能会对 PPP 项目不稳定性造成不同的影响。

先赋性政治关系（Ascribed Bureaucratic Connections），是先天继承的政治关系，由个体自身的某种性质所赋予，即企业 CEO 在进入商界之前作为政府官员建立的政治关系（Hillman，2005），可能他在来到企业之前就担任过政府官员或人大代表。这种社会背景下，先赋性政治关系是在企业 CEO 早期的政治生涯中积累起来的。他们首先是政府官员，然后才进入了企业成为 CEO。以往在政府的工作经验，赋予他们关于政府官僚作风和运作方式的特有资源（Hillman，2005）。

后致性政治关系（Achieved Political Connections），是后天形成的政治关系，由个体在成长过程中的社会交往形成，被定义为在企业 CEO 成为成功的商界领袖后获得的享有声望的国家机构的政治任命。它是由于企业 CEO 根据目前的角色和义务所做出的努力及成就而形成的。政治关联在很大程度上是由于企业和政府间持续的合作以及有利的交换，即由企业的政治活动和政府的努力以及政府对拉拢商业领袖的兴趣所造成的。作为政治的"局外人"，这些 CEO 通过个人的努力和成就获得了政治关联。只有当企业足够强大且成功时，这些 CEO 们才有可能被任命为政府机构的人员。例如，中国政府会通过政治任命奖励私营企业的企业家（Dickson，2004）。但由于给定了任期限制，通过这种任命的政治关系通常只会持续较短的一段时间。

1.2.7.2 市场化进程

由于我国幅员辽阔、地大物博，公司所在地区之间的政府干预程度、市场化进程都有很大的差异，导致不同地区的公司所处的制度环境有很大的不同（樊纲等，2006）。从 20 世纪 90 年代起，已有不少学者对我国市场化进程及其影响产生了兴趣。樊纲等（2011）认为，我国的市场化改革涉及体制的各个方面，需要经济、社会、法律等一系列体制进行变革。市场化进程是推动地区经济发展的动力源（傅允生，2003），也会对企业经营发展的各个方面带来影响（崔慧杰和杜丹，2018）。当公司所处地区的市场化程度越高，地方政府对企业的干预越少（曾庆生和姜红玲，2006）。而在法治水平低、政治干预程度高的地区，政治关联还可能会给企业带来会计稳健性、审计质量降低（Ball et al.，2003；雷光勇等，2009；杜兴强等，2009）等负面影响，从而可能在企业运营 PPP 项目过程中增加不稳定因素。

整合已有的关于市场化程度研究的文献，发现市场化进程对企业的影响主要有以下几个方面：

影响企业的经营绩效。市场化程度较高的地区，竞争环境相对公平公正，受到的政府干预较少，因此企业拥有足够的发展空间，促使经营绩效稳步发展（崔慧杰和杜丹，2018）。

影响企业的融资情况。市场化程度较低的地区，企业受到的财务限制较多，融资渠道较匮乏，导致企业将面临更强的融资约束（杨兴全，2009）。而市场化程度高的地区，因为拥有更丰富的融资渠道和更发达的金融体系，因而企业面临较弱的融资约束（李科和徐龙炳，2011）。

影响企业的投资情况。关于市场化程度对投资行为的影响，国内刚开始时主要是从公司治理的层面进行研究，近几年才转向企业投资行为层面。在经济体制转型的中国市场环境下，方军雄（2006，2007）发现，资源配置的效率受到市场化程度的影响。当国有上市公司所处地的市场化程度越高，且法制水平和政府干预度越低时，企业进行过度投资的可能性越小（魏明海和柳建华，2007）。连军等（2011）发现，尽管拥有政治关联的企业在市场化程度较低的地区投资规模大，但投资效率低。谭燕等（2011）在研究上市公司的政治关联和企业投资之间的关系时，排除一些干扰因素后发现，如果企业在当地经济上产生的影响力更大，则产生过度投资行为的可能性也会变大。

影响企业的创新能力。朱永明和贾明娥（2017）发现，若加强企业的融资约束，在市场化程度较高的地区，企业技术创新的水平产生反而会降低。市场化程度较低的地区，因为政府对企业干预较大，当地更容易依靠国有企业发展经济，因此政府会进一步制约国有企业，使之为了短期效益而放弃创新投入（李莉等，2018）。

影响企业与政府建立关系。市场化程度较低的地区，企业更倾向于同政府建立私人关系，成为政治体制中的一员（冯天丽和井润田，2009）。

影响企业风险承担水平。在市场化进程相对较快的地区，中小规模国有企业的风险承担水平更低，且其与非国有企业之间的风险承担差异更大（李文贵和余明桂，2012）。

由此可见，市场化进程会对企业各个方面产生重要影响，因此在CEO 对 PPP 项目进行决策时，也可能因为各地市场化进程不同，而对拥有政治关联与否的 CEO 在 PPP 项目的稳定性上产生不同作用。

1.2.7.3 区域文化

从文献收集的情况看，虽然自 20 世纪 80 年代起，对国家文化和组织文化的研究已经数不胜数，但对国家内部区域层面的文化研究却屈指可数。中国作为一个疆土辽阔的大国，目前对其区域文化差异的研究，能找到的理论和实证信息很零散。Ralston 等（1996）在管理价值观方面对中国 6 个大城市的国企高管进行过研究。Bond 和 Chi（1997）也以近2000 个中学生为对象，进行过不同地区个人价值观和道德行为之间的研究。金盛华和李慧（2003）调查和比较了中国不同省市、不同专业工作人员的社会价值观取向。但这些研究主要基于个人层面，难以反映整个中国的情况。

虽然说目前缺乏对中国各个地区文化的系统调查，但已有文献中关于国家文化聚类的研究，可以帮助学者认识到相似政治活动或经济活动中，不同文化氛围的人采取不同行为的诱因何在。早期，Toynbee（1947）和 Cattell（1950）通过对 80 多个变量的分析，构建了不同国家文化聚类的标准和参考。而在跨文化领域，Gupta 和 Hanges（2004）在 Ronen 和 Shenkar（1985）研究的基础上扩大了研究样本，表明全世界可分为 10 种类型。该著名研究也被称为 GLOBE 调查。近期，国内学者赵向阳与李海尝试将中国的区域文化进行具体类型的分类。他们从历史过程的角度入手，根据 GLOBE 文化习俗，运用理论驱动的判别分析，对全国各省以及直辖市提出了 7 种截然不同的文化类型假设（赵向阳等，2015）。

通过整合已有的研究区域文化对企业行为影响的文献可以发现，相关的主要有以下几个方面：

影响企业投融资行为。有学者发现，不同国家之间的文化差异与国内外投资差距具有显著的正向影响（Beugelsdijk and Frijns，2010），文化差距越小，进行境外投资的比例越高，国内外之间的投资差距越小。此外，文化维度—不确定性规避的程度越高，企业对国内投资的比例越高；而当一个国家文化越强调个人主义，那么其对国外投资的比例越高。也有学者发现，一个国家的社会信任程度对企业投资行为呈显著正相关关系（Bottazzi et al.，2009）。

影响公司治理。有学者研究发现，国家间的文化差异对公司治理具有重要影响（Daniel et al.，2012）。文化维度中的个人主义与公司治理水平呈正相关关系，而文化维度中的不确定性规避程度却与公司治理水平负相关（Griffin et al.，2014）。

影响企业风险承担水平。有学者发现，国家文化对银行风险承受能力存在一定影响。当一个国家文化氛围中不确定性规避的程度越低、权力差距越小、个人主义倾向越高时，银行对风险承受的能力越强（Ashraf et al.，2016）。

因此，区域文化差异会潜移默化地影响到企业的行为，本书有理由认为，不同的区域文化，或许会让拥有政治关联的 CEO 在面对 PPP 项目运作时的稳定与否产生不同影响。

1.2.8　文献分析和总结

通过对以上文献的综述可以发现，现有 PPP 决策管理的研究中，风险分担、特许权期、特许价格和契约关系是主要研究方向，研究方法涵盖了实证、博弈、实物期权及仿真模拟等相对成熟的科学方法，研究问题也日趋细化。然而，以上的研究均忽略了参与者的行为特征，在以博弈论、实物期权和委托—代理框架等经济学理论模型作为研究方法的文献中，决策者均被看作理性"经济人"，这意味着决策者所需的决策信息是完整的，并且决策者有足够的能力做出使自己获得最大利益的选择。另外，把复杂的决策主体简化为单一稳定的，且具有"一致性偏好"，基本上不考虑决策环境的复杂性，与正处于转型期中国的现实背景差异较大，导致研究结论适用性较低。

而在有限理性基础上发展起来的行为决策科学，更为关注人们如何进行决策，关注决策者认知心理和社会心理对决策的影响，研究决策中的认知和主观心理过程，以及主观与客观的约束。正是由于在有限理性的框架下更关注决策者的主观心理因素对决策结果的影响，环境因素和个体差异的存在使得不同决策机制可以共存。基于有限理性假设发展出了大量的决策理论，可以在不同领域从不同角度解释人们的决策行为。

综上，考虑决策者行为特征已成为现代决策理论研究的重要发展。在 PPP 项目相关文献中，对特许权期、特许价格，以及契约关系的讨论，实质上都是对项目的参与者在不确定条件下决策过程的研究。对不确定条件下的决策分析研究已开始突破传统经济学理论框架的局限性，成为信息经济学、行为经济学、实验经济学、演化经济学等新兴经济学理论的研究重点。然而，现有文献对 PPP 研究均停留在新古典经济学的理论框架下对决策结果进行分析，鲜有文献考虑参与者的行为特征，结果与现实决策情景有着各种各样的偏差。本书的努力在于，以运用于基础设施建设的 PPP 模式为研究背景，从有限理性视角结合行为科学的研究成果，以参与者的行为特征剖析为切入点，沿着学术界重点领域展开，把理论研究与实证研究相结合，以期推进 PPP 项目中相关决策问题研究。

1.3　研究内容

在现有研究的基础上，本书从有限理性的视角出发，对 PPP 项目参与方间的利益协调过程中可能产生的冲突进行研究，基于导致"有限理性"的内部因素和外部因素，探讨有限理性对利益协调决策过程的影响。研究内容和结构具体如下：

本书以 PPP 项目决策管理为背景，从参与者行为特征的角度综合运用行为决策理论和多种决策理论及方法，对利益协调核心问题进行探讨。特别针对某些合同条款的决策问题，在一般理性决策的基础上分析参与者的风险偏好、动机目标、意志情感等影响因素对其决策结果的影响，并通过实证分析，研究主体面对多种利益选择时面临的困境及可能发生的行为风险和项目风险。主要研究内容如下：

（1）建设工期的长短直接影响了项目公司运营期的长短。运营期越长，项目公司可以获得越多的经济收益，因此项目公司会以"固定总价＋激励"的方式对总承包商进行激励，使其在保证项目质量的前提下尽量提前完工。本书针对 BOT 项目中的工期激励问题，在委托—代理框架下，考虑代理人过度自信进行最优契约安排。与以往文献对过度自信的描述不同,本书从总承包商低估努力成本这一新的角度研究过度自信对决策的影响,并且引入解聘补偿机制,对委托人项目公司违约进行防范,通过求解模型分别得到了施工效率可观测下和施工效率不可观测下的最优激励合同,并证明解聘补偿机制可有效抑制项目公司违约风险。

(2)目前,文献均是基于以下两个基本假设:政府利益与公众利益被默认为是一致的,政府作为公众利益代理人监督私人企业在项目中的行为,"政府"作为一个整体表现出一致的偏好,无内在差异;政府的决策仅限于与私人企业这一成对的关系中,而没有考虑更为广泛的利益主体如公众等,也没有考虑他们所面对的特殊宏观环境。事实上,公众、政府与政府决策主体的利益诉求未必一致,且官员在操作 PPP 项目时面临着多重利益的抉择困境。本书区分政府与政府决策主体,针对政府官员抉择矛盾性给私营企业带来的风险这一问题展开研究。基于实证的方法,从内因和外因两个方面描述政府决策主体的特征和决策环境,得出了一些有意义的结论。

(3)在梳理 PPP 模式及风险、廉政程度和文化的相关文献的基础上,运用高阶理论、社会人假设等,以政府官员个人特征为切入点,结合不同地级市环境因素(如廉政程度和不确定性规避文化),探究政府官员背景特征对于 PPP 项目稳定性的影响以及廉政程度和不确定性规避程度对于二者作用的调节效应。

(4)以企业 CEO 政治关联为切入点,PPP 项目不稳定性为落脚点,以资源诅咒效应为理论框架,基于中国本土的市场化进程和区域文化,探讨企业 CEO 政治关联对 PPP 项目不稳定性的影响,以及市场化进程和区域文化在企业 CEO 政治关联和 PPP 项目不稳定性之间的调节作用。此外,本书还对政治关联进行区分,将其划分为先赋性政治关系和后致性政治关系两种类型,进一步探讨对 PPP 项目不稳定性产生的不同影响。

　　本书综合运用项目管理、项目融资、有限理性论、决策论、信息经济学等理论，采用博弈论、实证分析、数理统计等方法，从有限理性的视角研究 PPP 项目参与方间的冲突与协调，对 PPP 项目利益协调中的几个核心问题展开研究。

第 2 章　PPP 融资模式与利益协调

本章首先阐述一般 PPP 项目的基本形态，并着重讨论 BOT 模式和 PPP 模式下主要参与者及其操作程序；其次论述项目主要参与人间的合同关系，反映 PPP 项目中极其复杂的利益关系。本章的研究将为本书后续章节的研究提供实际背景支撑。

2.1　概念及特征

对公共基础设施项目采用 PPP 模式是一种融资手段，用于解决政府资金不足与庞大基础设施建设和公共事业需求的矛盾。PPP 模式不仅能够更好地利用民间资本解决公共需求，还有利于促进政府身份和公共管理方式的转变，从公共物品投资者到管理者和投资市场组织者（左廷亮等，2008）。

PPP 是运用项目进行融资的一种模式。本书的研究对象可看作狭义上的项目融资，即以项目本身来进行融资活动，这里项目本身指的是项目未来的收益或现金流，贷款人只能依靠项目产生的收益作为偿还贷款的唯一来源，或是只能对项目产生的实际收益与规定的偿还金额之间的差值进行有限的追索（吴孝灵，2011D）。债权人对借款人没有权力对其抵押资产以外的其他资产具有追索权，或仅有有限追索权，所以对债权人风险很大。这种融资活动适用于公共基础设施、公用事业、资源开发等规模较大、合同关系复杂且长期的项目，政府给予一定的特许权。这种模式也称为 PPP 项目融资。

运用 PPP 融资模式的工程项目，通常来说都是由政府针对具有社会公益性质的工程发起，面向社会私营资本进行招标并授予其特许权进行融资、建设、管理、运营的具有一定规模的工程项目。在这个过程中，政府可能在项目公司中占有股份，也可能由项目公司承担全部的资金筹集。不论哪一种形式，政府代表了"公"，即追求社会效益的一方；私营资本代表"私"，即追求自身经济利益的一方。这里"公"与"私"的区别在于其资本目的（柯永建和王守清，2011），这样的定义也是目前为国际学界所认同的。本书在此基础上，结合狭义项目融资的定义，认为 PPP 融资是一系列"公私"合作，由政府授予私人部门一定的特许权的项目融资方式的总称，政府在项目公司中是否占有股份都被视为"公"的代表。当然，本书在后续章节中会对政府主要决策官员的决策行为进行研究，他们在决策过程中可能带有追求自身利益的动机，但就基础设施项目本身而言，其建设目的和意图必定含有达到某种社会效益的成分，因此从这个角度看，将政府作为项目发起人被视为"公"的一方，是十分合理的。PPP 融资模式具有风险公平分担、优劣势互补及利益共享三大特点。首先，双方通过契约明确共同承担的责任和风险；其次，针对各方在项目各环节中的权利和义务进行详细的阐述，使得参与者最大限度地发挥自身优势，这样既可以摆脱政府过多的行政干涉，也使得私营资本发挥其在整合资源和管理经营上的优势，提高管理水平和运作效率，促进技术创新。

PPP 项目经过多年的发展，衍生出了多种不同的模式，BOT 模式及其变形和 PPP（Public-Private-Partnership）"公私合营"模式是其中最主要、最基本的。但由于不同国家地区机构对 PPP 模式有着不同的定义，因此 BOT 模式在部分文献中被视为更为广泛的 PPP 模式的一种表现。国际上也有学者按照私有化的程度进行划分，认为不同类型融资模式实质上是私有化程度的不同，因而政府的功能作用不同。

虽然 PPP 项目具有众多形式，但其本质上具有如下共同特征：

PPP 项目是一种特许权项目；政府把项目的建设、运营和管理的特许权交给国内外民营企业，但政府具有终极所有权；PPP 项目是"公""私"双方的长期合作，任何一方不计后果的行为都可能导致项目失败，对参与各方风险都很大；PPP 项目具有一般项目融资的典型特征。

2.2　参与方

一般来说，PPP 项目的主要参与方包含了政府、股东、项目公司、放贷方、工程总承包商、运营商、保险商、用户、承购方、原材料供应商及其他第三方等（刘亚臣和常春光，2008），其间关系如图 2-1 所示。

（1）发起人。项目发起人即项目发展商，是项目公司的投资者和股东。项目各参与方都有可能成为项目发起人，但本书主要讨论以政府作为项目发起人的情况。在这种情况下，项目的批准和实施从一定程度上说降低了难度，面临的政治风险也比较单一。各发起人间的出资比例和利润分配由契约确定。

（2）项目公司。为了更好地管理和运作项目，项目发起人会成立一个有限责任公司，项目公司的权益资本是各发起人投入的资金，也是股东的股份，是分配利润的根据。项目公司是借款方，将来以运营项目的收益还本付息，剩余的即为股东分配的利润。项目公司既可以直接参与项

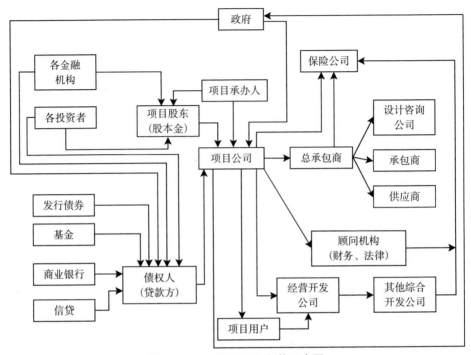

图 2-1　PPP 项目组织架构示意图

资料来源：刘亚臣，常春光.工程项目融资 ［M］.大连：大连理工大学出版社，2008.

目的建造和运营，也可以通过合同的方式将项目交给专业的承包商和运营商。

（3）债权人。这里的债权人一般指银行或者财团。一般来说，基础设施项目的贷款额较大，债权人承担的风险很大。因此，可以由多家银行组成一个银团对项目贷款，如果这些银行来自不同的国家，还可以从一定程度上降低项目的政治风险。

（4）债务人。一般来说，债务人即项目公司，以实现有限追索。但当项目运营收入无法偿还贷款时，政府往往需要承担一定数额的贷款。此时债务人就包含了政府。

（5）东道国政府。项目特许权的授予者，为项目提供土地、水电等配套设施，同时提供减免税收或特许兑换外币等政策。某些项目，政府还是项目产品的买主。政府的特殊地位给项目带来了一定程度的政治风险，其表现往往决定了项目的成败。在实际运作过程中，政府的信用风险包括法律政策的随意改变、官僚主义和贪污。

（6）承包商。项目公司往往将工程的设计和建造交给专业的承包商。通过签订固定价格的 EPC 总承包合同，合理地转移了项目设计和建造风险。承包商需要承担的风险有工期延误、成本超支和工程质量不合格。

（7）运营商。项目公司将项目的运营和维护交给专业的运营商，也是转移风险的方法。通常，运营商需要承担项目运营、管理、原材料供应和价格、市场需求、销售量等风险。

（8）承购商。有时项目公司会在项目谈判阶段确定产品或服务的承购商，确保项目建成后有能力还本付息并赚取一定的利润，这种做法一定程度上分散了项目市场需求的风险。在很多情况下，政府充当了这样的角色。

除上述主要参与人外，还有供应商、担保方、保险商、第三方、公众/用户等。这里第三方是指项目进行过程中涉及的咨询顾问和岸外寄托受托方等。公众/用户作为基础设施及公用事业的使用者，是 PPP 项目中重要的参与者，而在现有的文献中却很少被提及。长期以来，政府和建筑商都是基础设施建设中的主角，而近年来公众参与的呼声越来越高，影响越来越大，因为对于使用者来说，项目的质量、价格、设计的合理性、运作方式等与他们自身利益密切相关。

2.3 合同结构

PPP 项目各参与方之间的合作及利益协调主要通过合同关系来实现，所有这些合同以项目公司为核心（王守清和柯永建，2008），如图 2-2 所示。

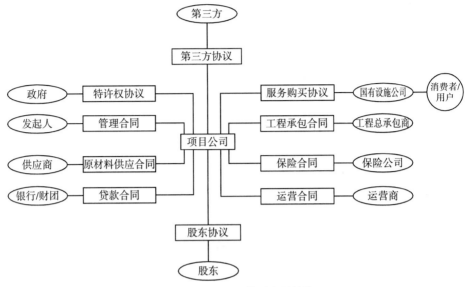

图 2-2 PPP 项目典型合同结构

资料来源：王守清．柯永建. PPP 项目融资（BOT，PFI 和 PPP）[M]．北京：清华大学出版社，2008.

（1）特许权合同。政府作为参与方，主要签订关于授权、批准、担保等的合同，其中最重要的合同是项目公司与政府之间就特许权所签订的合同。政府转让的项目特许权包括融资、建设及运营等权利，同时确定政府承担的风险。特许权合同涉及了多方的利益需求，在合同设计中往往需大量的时间以逐条协商。

（2）股东合同。股东是以股本金形式参与项目的投资者，私营部门一般是 PPP 项目最大的股东。股东合同即资本金协议，规定了项目公司各股东之间关系，协议中包含了基本承购额等与股权分配有关的条款，另外还有项目公司的业务，股份流动及转移和公司管理等相关条款。

（3）贷款合同。作为主要放贷人，贷款财团一般由多家金融机构组成，项目公司须与其签订贷款协议，其中包含了债权人向项目公司提供贷款的条件和要求。

（4）总承包合同。项目公司不一定都具有专业的知识和能力承担项目的建设任务，因此会通过总承包合同将项目建设委托给专业的承包商。在总承包合同中，项目公司和总承包商对项目的工期、造价、建设要求等条款进行协商，并做出相关规定。

（5）运营合同。每个 PPP 项目都有其专业的运营公司负责运营管理，保证项目正常运作，并对项目提供维护保养服务等。运营公司的管理水平在很大程度上决定了项目公司在运营期可获得的利润，因此，项目公司需和运营商就管理、维护等条款进行协议，阐明运营公司的责任和义务。

（6）供货合同。原料供应商负责项目提供所需原料、设备、燃料等商品。供货合同中的主要内容包括原材料数量、价格、品种等条款。

（7）第三方协议。第三方是针对项目其他参与者所签订的合同，主要协议包含融资、财务、技术、法律、保险、市场顾问等。

以上合同可分为三个层次：第一层次是 PPP 项目的核心合同，包括特许权合同、股东合同、贷款合同、招标合同等；第二层次是分合同，包括总承包合同、经营合同、管理合同、设计合同等；第三层次是二级合同，包括供货合同、分包合同等。可以看出，PPP 项目比传统的工程项目参与方更多，合同关系也更为复杂，各方有其不同层次的目的与动机，使得利益协调难度加大。

我国 PPP 项目主要以 BOT 和 PPP 两种模式出现，也是本书的研究重点，因此有必要对两者进行更进一步的描述与区分。

2.4　BOT 模式

BOT 模式是 PPP 融资模式中最早出现，也是应用最为广泛的一种形式。BOT 模式最早出现于 20 世纪 80 年代，一些国家的政府和国际金融机构开始探索以"特许权"的方式安排，以"有限追索权"方式提供项目贷款，促进民营公司拥有和经营基础设施。1984 年，土耳其将 BOT 模式应用于该国公共基础设施建设的私有化过程中。此后，BOT 模式为越来越多的国家尤其是发展中国家所关注，成为大型工程项目融资的流行方式，吸引了民间资本进入公共设施建设。

2.4.1 BOT 的定义和优势

BOT（Build-Operate-Transfer）即建设—运营—移交。在我国也常称作"特许权或 PPP 招标"，其运作模式通常是首先由项目发起人（即投资者）从政府获得项目建设权和运营特许权，然后组建项目公司负责该项目的融资、建设和运营，以特许权期内项目运营所获收益偿还债务并获取一定的收益；特许权期结束后，项目公司将项目无偿地移交给政府。由于在 BOT 模式下风险较大，项目公司往往要求政府给予一定的保障，以保证其最低收益率。

一般来说，在 BOT 模式下，政府或项目公司的股东承担一定的风险，银行具有有限追索权的融资而不是无追索权，如果项目失败，银行可以收回部分贷款。另外，由于项目的债务不计入项目公司的资产负债表中，这样，项目公司的股东可以为项目筹集更多的建设资金，有利于投资人。

可以看出，BOT 相对于其他 PPP 融资形式简单典型，具有 PPP 融资模式的一般特征，同时也有着独特的优势。

首先，政府财政负担轻。因为项目的融资负债责任由项目公司承担，而政府不入股项目公司避免了政府的债务风险。

其次，私营企业获取特许权利的同时也承担了更多的风险。既可提高项目的私人参与程度，也可以将项目发起人的投资收益与合同履行情况相联系，提高项目运作效率、降低建设运营风险。

最后，有利于提高社会资源的配置效率。传统的完全由政府建造与运作基础设施与公用事业被认为资源配置效率不高。

私营企业参与后，承担较大风险的贷款机构对项目的审核要求比政府更专业、更严；而面临较大风险的私营企业要想规避风险、获得较多的收益，必须加强内部管理，从成本、进度与质量等方面严格控制，从而降低风险提高效率，用户也能得到较高质量的服务。

2.4.2　BOT 模式的分类

BOT 并不是一个定义非常清晰的概念，而是一个统称，其中包含许多种类型和结构。根据不同项目、部门或国家的需要，BOT 可以衍生出不同的形式。按照世界银行《1994 年世界发展报告》中的定义，BOT 模式有三种具体形式：BOT、BOO（Build-Own-Operate）及 BOOT（Build-Own-Operate-Transfer）。在此基础上可衍生或变通多种形式。在我国，经过近 20 年的发展和应用，为适应我国不同地方的实际情况，又演变出了BOR（Build-Operate-Renewal）等形式。

也有学者从不同的角度对 BOT 进行了分类。例如，针对中国的 BOT 项目，Chen 和 Doloi（2008）认为，可以从资金来源（国内或国外）、类型（基本或变形）、外资股份比例（合资或独资）、合同类型（合资或合作）和中央政府授权（正式或非正式）五个维度进行描述。根据以上五个方面，目前中国的 BOT 项目可以分为合资 BOT 项目、合作 BOT 项目、非官方外资 BOT 项目、官方 BOT 项目及其他变形项目。

2.4.3　BOT 模式的运作程序

BOT 项目典型运作过程分为三个阶段：准备阶段、实施阶段和项目移交阶段，如图 2-3 所示。

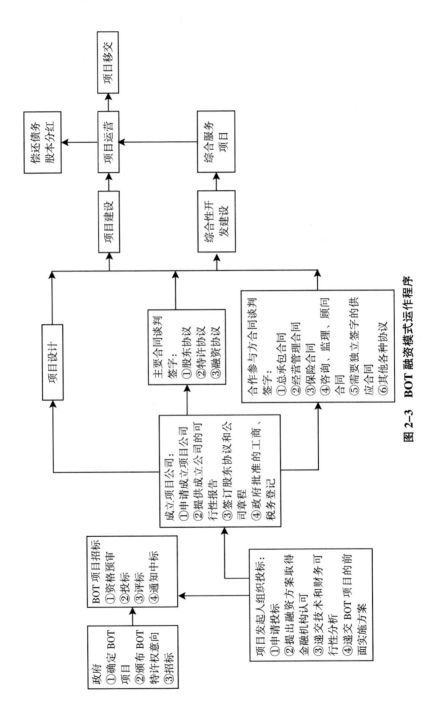

图 2-3 BOT 融资模式运作程序

第一阶段是准备阶段，这个阶段的前期工作主要包括：确定 BOT 项目；选择项目的承办人；组建项目公司；政府批准并将特许权授予项目公司。后期的工作包括：公司正式成立；寻找项目的融资、建造、运营合作方；签订合同；准备开工。选择承办人通常以招标方式进行，然后由承办人寻找合作单位，与各合作方草签合作合同，按照成立有限责任公司的要求申请成立项目公司并上报政府。政府批准后各合作方即股东，签订正式的股东协议成立公司，围绕项目开工做准备工作。

第二阶段是实施阶段，分为两大环节：BOT 项目的建设和该项目的运营。在第一环节，项目公司负责运作、管理项目的设计与施工等一系列工作，由于这些工作一般都是委托合作单位开展，所以如何安排与监管好资金流和工程计划，与合作方签订合同，按照合同要求在成本、质量与进度三个方面严格控制尤为重要。最为重要的工作是与工程承包商如何签订合同条款并监管承包商严格执行合同，其中有许多难以预知的风险。

在项目运营阶段，项目公司负责项目的维修与保养。对于项目公司来讲，这个阶段产生的收益除了用于保证项目正常运作外，主要用来返还贷款，从政府的角度，也会要求项目公司在特许权期结束时能将项目顺利地移交给政府。所以，运营阶段的管理对项目公司来讲非常重要，也是项目公司及各合作方能否规避风险、有所收获的关键环节。除了项目直接参与方外，运营阶段还涉及项目的用户，社会公众也是利益相关者。

第三阶段是特许权期终止、项目移交。项目公司将项目移交给当地政府，这个运作环节涉及的任务主要包括：项目资产评估；再根据原来的协议进行利润分红和债务清偿；处理遗留问题等事宜。

2.5 PPP 模式

虽然 PPP 融资模式比 BOT 模式出现得晚，但发展十分迅速，因为 PPP 模式相对来说应用面更广，它不仅适用于基础设施工程项目，很多国家在教育、医疗等领域中也已开始运用 PPP 模式。作为 PPP 的主要形式之一，PPP 模式在实践过程中的成功与失败都有研究的价值，因此有必要对其进行更进一步的了解。

2.5.1 PPP 融资模式的定义及分类

PPP 通常译为"公私合营/合伙"，作为一种融资模式，实质上是"政企合营"，私营企业与政府合作进行公共基础设施或公共服务项目建设。根据私营企业参与程度、参与范围和参与方式的不同，各个国家和地区的 PPP 模式发展的程度和方式也不尽相同，因而对 PPP 的界定也有所差异。但都是围绕着公共服务或公共基础设施建设项目，以满足公众需求。各国政府都鼓励私营企业介入，由政府与私营企业双方通过不同程度的参与和承担，发挥各自专长并通过适当的资源分配，实现风险分担和利益共享。所以，PPP 就是公共部门和私营部门为提供公共产品建立的合作关系。根据政府是否在项目公司占有股份以及风险与利益分担，PPP 有广义与狭义之分。本书的研究对象界定关键是两点：一是政府在项目公司中占有的股份；二是政府与私营企业双方的风险分担和利益共享。

可见，PPP 模式与 BOT 模式的主要区别在于，在 PPP 模式中，政府与企业共同承担融资风险和责任。以协议明确双方在项目的各个环节中承担风险、责任和权利，能充分发挥私营部门的优势，实现优势互补。

政府和私营企业在项目进展的每个环节中都可以共同参与，有利于政府把握项目的整体情况，防止私营企业获利过多影响项目的社会效益。同时，政府和私营企业组成战略联盟，将项目各参与方重新整合，对协调各方不同的目标起到了关键的作用。

根据不同的定义，对 PPP 模式的分类也有所不同，如一些亚洲国家对 PPP 模式的分类分为合伙投资、合伙经营、私营部门投资和组成合伙公司几种；加拿大根据私营部门参与程度的不同，将 PPP 分为 DB（Design–Build）、O & M（Operation & Maintenance Contract）等数十种具体形式，其中还包含了 BOT 模式的一些变形，如 DBFO、BOOT、BBO、BTO等。本书为区分 PPP 模式和 BOT 模式，认为政府参与投资建设的 PPP 项目都可认为是 PPP 模式，其中包含了合伙投资、合伙经营、合资公司、外包等。

可以看出，PPP 融资模式与一般 PPP 项目在组织结构、合同结构、运作程序等方面并无太大的区别。然而，由于政府和项目公司共同投资建造这一特质，PPP 项目有其特有的优势，但也带来了很多问题。

2.5.2　PPP 融资模式中存在的主要问题

BOT 和 PPP 两种模式下公私双方利益和责任的分歧有所不同。如前所述，PPP 模式更强调政府和私营企业的合作，在风险分担和利益共享的原则下保证项目的成功，那么风险如何分担、利润如何分成就成为双方矛盾的主要集中点。从理论上说，在合作的初始阶段，政府和私营企业总是试图将双方应承担的风险和相应的权利详尽地定义于合同中（Lam，1999）。在实践中，往往会出现两种情况：双方都想把风险尽可能地转移给对方，以至于谈判过程艰难，花费过长的时间和较多成本；政府理所当然地认为"采用 PPP 模式的目的就是要把尽量多的风险转移给私营企业"，私营企业也认为"承担更多的风险可以得到更多的回报"。这两种错误的观念，致使在前期合同中有关风险分担的条文并不可行（柯永建等，2008）。根据风险分担的一般原则，风险应由能更好控制风险的一方承担，否则当风险发生时必然会降低项目的效率，增加处理控制风险的成本。有研究表明，随着政府转移给私营企业的风险增加，项目的效率呈现先增加后下降的趋势；相反，控制风险的成本先是下降，然后不断上升（刘新平和王守清，2006）。因此，风险分担需按照一定的原则进行，虽然政府采用 PPP 模式可以将一定的融资任务和风险转移给私营企业，但需控制在一定的范围内，否则得不偿失。

大量的研究表明，风险分担不仅要考虑合作双方谁更适合承担该风险，最重要的是承担风险的程度应与所得到的回报相匹配（刘新平和王守清，2006），即承担风险的一方应得到相应的收益。但事实上，工程项目中的风险分担结果和获得的收益往往不完全对称。当一方感到不公平时，很难以积极的态度合作，影响了参与者的风险态度。PPP 项目旨在利用各自优势达到"双赢"，不管是政府还是私营企业，都必须有积极合作的态度才能使得项目顺利完成，任何一方的消极懈怠都不利于双方的长期合作，甚至可能导致合作破裂，因此收益分担和风险分担如何匹配是PPP 项目面临的又一实践难题。

尤其在我国，对于 PPP 项目的各方面经验十分缺乏，因此针对 PPP 项目的评价工作除了一般的财务评价和社会效益评价等环节，还包含了项目后评价。PPP 项目后评价是指对项目阶段性结束后，对处于稳定运营期的项目从运营状态、实施过程、效益、效率、监管体系、风险分担、伙伴关系等 10 多个方面进行全面、系统、客观的分析，阶段性的后评价为下一阶段的合作提供了意见和改进措施，对总结 PPP 项目的经验教训有着十分重要的意义。由于 PPP 项目是公私部门的合作，涉及利益和风险的分配，因此公私合作后评价是后评价工作中的重点，包含了风险分担后评价、特许权协议后评价、监管体系后评价等。其中，风险分担后评价包括风险分担的偏理性、公平性、合理性和有效性四个方面（王守清和柯永建，2008），双方应就这四方面进行评价，确定项目在预期可控范围之内，同时对公私合作状况提出建议，任何一方如对风险和收益分担不满，都很难进行下一阶段的合作，影响项目的进度和质量。

根据私有化程度的不同，本书认为 PPP 模式与 BOT 模式的主要区别在于政府是否对项目进行投资，即在项目公司中是否占有股份。PPP 模式可视作政府和私人企业共同出资完成融资及投资活动，而 BOT 模式全部由私人企业进行资金的筹措及投资，政府不参与特许权期内项目的收益分红。因此，PPP 模式私有化程度相对于 BOT 模式来说较低，私营企业对项目的控制权也相应较少，这样可以避免由于私有化程度过高给政府带来的问题，关系协调比 BOT 模式更强。由于双方共同承担项目融资，因此风险也需双方共同分担，项目双方共同拥有项目的控制权，而 BOT 项目中公共部门承担的风险则小得多。

从参与程度和收益的角度看，BOT 项目中政府参与了设计和特许权期之后的运营期，私营部门则负责了设计、建造、融资和特许权期的运营，私营企业从项目中获取的收益相对较多；PPP 项目中公共部门和私营企业共同参与了项目所有环节，共享项目利润。

综上，PPP 项目参与主体具有多层关系，因而其中的利益与风险产生根源及表现形式也很复杂，所以在利益协调过程关注的矛盾点较多，加大了项目风险与契约设计难度。研究其利益冲突和协调中的问题对设计科学合理的协调机制十分重要。

2.6　政府与企业利益冲突及协调难点

由于"公""私"利益目标不同，PPP 项目中最主要矛盾集中在政府与私营企业之间。一方面，政府既希望通过 PPP 融资的形式解决基础设施资金短缺的问题，同私营企业合作利用其资金和管理优势，同时也要顾及项目的社会效益及公众评价，防止私营企业从项目中获取过多的利润；另一方面，私营企业希望依靠政府的政策保障从项目中赚取利润，又要防范政府的信用风险。在谈判过程中，政府如不能保证私营企业得到其期望的收益，可能导致谈判破裂，或是造成私人企业在施工过程中偷工减料，损害项目质量等问题，而过分的让步则会导致社会效益受损，所以主要矛盾往往集中在了公私部门之间的责任和收益的合理分配上，如不能在合同中明确双方的权、责、利，将会给后续的合作带来很多的问题和矛盾。

根据上一节对合同层级的划分，政府和私营企业间的核心合同包含特许权协议和股东合同。特许权合同将本应由政府完成的融资、建设、运营等任务委托给了私营企业。从这个角度说，有学者认为政府和私营企业间存在着委托人和代理人的关系（吴孝灵，2011）。而从股东合同来看，政府和私营企业共同出资完成项目，这使得他们之间不只是单纯的委托人和代理人的关系，同时也存在合伙人的关系。

2.6.1　委托人和代理人的关系

政府和私营企业间的委托—代理关系不仅是社会学和法律意义上的，更重要的是体现在经济层面上。在经济学中，委托—代理关系有如下两种特点：

第一，代理人的行为和私有信息不能被委托人直接观察，从而给委托人的监督管理带来很大的困难。例如，在 BOT 项目中，特许权期往往长达 20~30 年，在此期间项目的运营、管理及维护都由项目公司来完成，政府很难对项目公司投入项目中的维护成本进行管控，如果出现过度使用或维护不当的问题，项目的寿命将缩短，也就意味着政府经营的时间缩短。

第二，由于双方均无法对未来的社会、经济、自然条件进行完全准确的估计，导致合同本身必然是不完备的，当出现合同中没有明确规定的冲突时，双方可能会因此陷入争执与矛盾中。例如，泉州刺桐大桥自投入运营以来，周边又出现了多条与之竞争分流的大桥，在没有签署竞争保护的前提下，投资方无法向政府要求赔偿，其经济收益受到亏损。

2.6.2　合伙人关系

PPP 项目中由于政府和私人企业均有投资，因此在股东协议中一般确定了股份比例。然而，合理的股权分配并不只取决于投资的比例，还应考虑到各方承担的风险。由于双方期望的差异及各自具有的优势，双方对收益分配和风险分担的要求无法一致，给谈判过程带来了难题，对 PPP 项目前期谈判耗费巨大的成本，双方的利益都受到影响。如前文所述，所有的 PPP 项目都是政府和私人企业间的长期合作，努力实现优势互补，达到双赢，所以在项目实施过程中，如果承担风险的一方无法得到相应的回报以弥补其损失，则会影响合作质量，甚至产生矛盾冲突。

综上，政府和私人企业间的关系既有合作也有对立，互相依赖又充满矛盾。这样的局面增加了谈判和决策过程中的冲突。因此，一方面需要通过契约实现经济利益协调，另一方面合作过程中还应避免合伙人的情绪不满，才能顺利完成长期合作。

2.7 项目公司与总承包商利益冲突及协调难点

　　私营企业的收益与其选择的总承包商也息息相关，私营企业通过总承包合同将项目的建设委托给总承包商，因此私营企业和总承包商之间也是委托人和代理人的关系，同样存在着信息不对称和契约不完备的问题。一般来说，特许权期确定之后，项目公司希望在保证工程项目质量的前提下尽量缩短工期，这样投入运营的时间可以增长。但是，项目公司无法观察到总承包商的效率和努力水平，由此可能产生逆向选择的问题。另外，项目公司和承包商都以各自利益最大化作为其目标，因此承包商可能不会以项目公司的利益目标为目标，甚至在施工过程中为了实现自身利益而损害项目公司利益，比如偷工减料、拖延工期等，而总承包商也不能确定项目公司是否会履行合约，双方均存在"道德风险"。即使双方达成一致的利益目标，由于能力限制或是其他不可预测的原因而无法制定一份完美的合同预测未来所有可能发生的事件，甚至对自身能力的评估都存在认识上的偏差。综上，他们之间具有严格经济学意义上的委托—代理关系，可以在委托—代理框架下分析其最优决策，通过契约制定激励机制以进行利益协调。

　　经过以上分析可知，PPP 项目的参与方间存在着委托人和代理人或合作伙伴的合同关系，根据现有关于委托—代理和战略联盟契约机制的研究，通过科学的契约安排可以从一定程度上防范两种关系下的利益冲突，如"道德风险""逆向选择"等问题，因此其间的利益协调问题可以通过契约安排来实现。然而，利益协调不仅包含了经济收益的协调，更是"人"心理成本的协调，对于参与方众多的 PPP 项目来说更显得尤为重要，但考虑人的因素必然会使得利益协调变得更为复杂。

2.8 项目成功关键因素分析

有学者认为，影响 PPP 项目成功的因素大致可分为两类：一类是内部因素，包括项目类型及特征、项目融资和建设方案、运营和维护方案和项目风险分担等；另一类是外部因素，包括项目所在国的政策环境，经济环境及法律支持等（李启明和申立银，2000）。这样的分类忽略了项目自身特质和契约设计者特质间的差别，统称其为内部因素。而事实上，由于项目契约是由相关决策者制定完成的，且决策者往往是"有限"理性的，因此"非理性"因素不可避免地影响着决策结果和契约的制定，决策者的文化背景、风险态度及感情意志，无不左右着其决策质量（杨建科等，2009），进而影响到了契约的安排。因此有学者（梁学光，2009D）提出，区别项目客体因素与主体因素对契约设计的影响，即从契约安排的角度应强调人为因素对契约条款决策的作用，客体、主体及环境三方面因素同时作用于契约条款的决策。

影响 PPP 项目决策的客体因素是指项目本身，而非人为和外部作用决定的项目特征因素，主要包含项目类型、项目资产的生命周期、项目资产专用性以及是否有可能进行分期投资建设等；主体因素指合约设计因素，即在起草合同时受到当事人影响的因素，也称为主体风险，如决策者对项目各项方案的设计、项目风险分担的协调及对风险的态度、政府对未来收益的预测能力、政府对项目公司所提供的产品的满意程度和项目公司对其成本的预测等。外部因素指环境所带来的不可控因素，如法律和市场环境，项目建设中不可控风险，运营期的技术性风险和东道国的政治环境等，如图 2-4 所示。

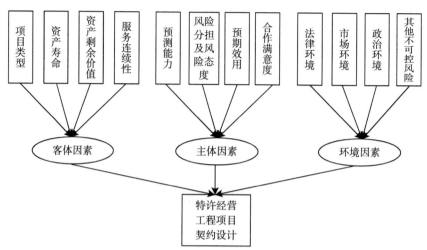

图 2-4 PPP 项目契约设计影响因素示意图

PPP 项目在考虑了主体因素后，其利益协调问题就变得更为复杂。"人为"因素对工程项目的影响是多层次的。

首先，"人"的能力，认知协调、情感、动机、偏好、价值观等对其判断与决策会产生不可忽视的影响，现有工程决策问题均假设"人"是完全理性的"经济人"。而事实上，这种假设对现实是一种简化，并不能完全描述实践决策过程。众多参与方之间的利益冲突决定了各方在决策过程中确实希望自己能获取最多的利益，即主观上是完全理性的；而同时作为决策主体，其决策过程必然受制于其知识水平，心理因素及复杂的外在环境的影响，往往不能做出完全最大化自身利益的决策，即客观上是"有限"理性的。

其次，由于"人"在其所处的环境和组织中，难免会受到外界的影响，其目标、动机、需求和其所在的组织的目标不一定是一致的，即决策个体和其所在的组织的偏好有可能是不一致的。现有研究中，均假设了组织中决策者的行为代表了整个组织的利益，这种简化和假设在实践中能否成立也是组织间利益协调问题所要面临的质疑，组织中有决策作用的核心主体如果不能够完全代表其所在组织的利益诉求，那么利益协调问题无疑更为困难与复杂。

最后，由于决策主体"有限理性"的存在，工程项目参与方间利益协调不再仅针对各参与方的直接收益，同时也包含了机会成本和心智成本，即与其认知协调、情感、动机、偏好、价值观和对信息理解、处理等相关的心理成本（雷丽彩，2012）。因此，在契约签订的过程当中，如不能在决策中考虑到这些隐性成本，则不能说是做到了有效的利益协调。

综上所述，针对 PPP 项目参与方间的利益通过契约安排来协调，但由于影响 PPP 项目契约安排的人为因素很多，因此不得不特别考虑其中人为因素对合同制定的影响，也就是在下一章中，我们会讨论的"人"的约束和限制——"有限理性"。

2.9　本章小结

本章主要介绍了 PPP 项目的相关背景知识，从私有化程度上的不同，重点分析了 BOT 项目和 PPP 项目的差异，并根据其合同结构分析其利益冲突和协调难点，引出后续章节的研究问题。

首先，PPP 项目既具有一般项目融资的特征，又具有综合性和权利表现的特殊性，涉及的领域广泛，形式多样，如金融、工程设计建造、运营管理及其间各个环节的产业链，整个运作周期很长，规模较大的投资项目通常要 20 年以上，参与主体来自各个方面，多且复杂，利益诉求差异很大，因而，PPP 项目对任何一方来讲风险都非常大。

其次，PPP 模式有其特殊优势，在我国也有了一定的发展，为了适应我国国情衍生出了数十种不同的形式，其中以 BOT 和 PPP 模式的应用最为广泛，这也是本书的研究对象。我们对 BOT 和 PPP 两种模式进行了重点的介绍与分析，特别对 PPP 项目在运作上遇到的困难进行了阐述和分析，强调了公私合作关系中的矛盾与冲突。

再次，针对一般 PPP 项目，介绍了参与方和合同关系，以复杂的合同结构图呈现 PPP 项目参与者多、利益关系复杂、种类繁多的特点，如委托—代理、合作伙伴、战略联盟等，并就参与方中几对重要的合同关系进行了分析，包括缔约方的利益冲突和协调难点，给出了两两间的合同结构。

最后，从客体因素、主体因素、环境因素三个方面归纳总结了影响契约设计的因素。文中重点分析了现有文献中比较薄弱的项目主体影响因素。而处于转型期的中国，相对来讲，政治环境、制度法规等极其复杂，对 PPP 项目影响也较大，将在后面的相关章节中专门探讨。

PPP 项目的应用不仅能解决政府资金需求的矛盾，也推动了工程项目管理的发展。但前面提到，它在中国的发展并不顺利，完全达到预期目标的不多。总结实践中遇到的问题，发掘影响参与方间利益冲突的因素，对于提高 PPP 项目管理水平和管理效率具有重要意义。

第3章 PPP项目参与主体的决策行为

人类的实践过程，都包含了"决策制定过程"和"决策执行过程"（西蒙，2008）。管理的核心可以说就是决策，工程项目从设计、组织体系、施工到紧急事件的应急处理，无不需要正确、科学、有效的决策方案。而人类在认知和判断事物的过程中无法做到完全正确，这导致了决策结果可能偏离"理性"的标准。本章以PPP项目为背景，首先针对决策过程中的有限理性产生的深层次原因进行分析，其次重点讨论几种典型有限理性现象和有限理性思想对决策科学发展的影响，最后讨论其对PPP项目决策过程影响，为后续章节的研究提供理论基础。

3.1 有限理性论与管理决策

"有限理性"论对传统经济学中的"经济人"假设的质疑引发了学术界对"理性"的重新思考，它的提出也对决策理论产生了巨大的影响，为行为决策理论的诞生提供了依据。然而，"有限理性"论的提出及发展并不应被视为全盘否定了理性决策，而是对理性决策的一种补充和修正，使得决策过程和目标更符合实际情境。

3.1.1 理性和有限理性

为了说明何为"有限理性",首先要对"理性"一词进行描述。理性思想最早起源于文艺复兴时代的意大利,在社会科学出现以前,人们对"理性"的理解与谋略或慎思的概念非常相近,因此"理性"的行动既可以指运用才智进行选择的过程,也可以是指抉择的本身。前者后来被早期心理学家们所使用,认为理性的决策是靠理智而非情感机制(包括情绪、激励、天性、冲动)进行抉择的过程。而经济学界和社会科学的学者则普遍认为"理性"是抉择本身,即靠抉择过程挑选出来的行动方案的属性,也有经济学家认为"理性"就是合乎逻辑。在社会学中,理性又代表组织对目标的自觉适应性,指的是组织的运转不受其成员个人目标的影响(西蒙,1989)。无论哪种定义,理性的决策主体的行动应符合绝对理性的完美要求,包括其必须能获得关于决策环境的所有信息,且应具备稳定的偏好体系,同时要具备完美的信息处理能力,最后按照自身利益最大化的原则选择各备选项中的"最优"方案。

综合以上各学科对理性的描述,西蒙从管理决策的角度,认为理性是一种行为方式,"理性是在一定条件和约束下选择的适合实现指定目标的行为",或者说是"用评价行为后果的某个价值体系,去选择令人满意的备选行为方案"。具体来说,行动的目标可以是决策者的目标、决策者身处的社会系统的目标或是观察者的目标,一个"理性"的目标应追求在某一时间区域上效用函数期望值极大化。例如,传统经济理论中,消费者理应谋求最大期望效用,而企业家理应追求最大期望利润;条件和限制包括决策所处的外部环境的客观特征、由决策者所感知的特征和以固定形式出现的、不受自身支配的决策者自身的特征。

长期以来,基于传统经济理论中"经济人"假设的理性决策模型都是经济学家和管理学家们研究决策问题的主要工具,这里的"经济人"

既具有"经济"特性，也具有"理性"，也就是具备关于其所处环境各方面的知识。此外，还要有一个有条理、稳定的偏好体系和很强的计算能力，通过计算可以确定在所有备选方案中，哪一个在其偏好体系中的最高点。"二战"以后，决策过程越来越重视对备选措施进行数量分析，包括运筹学在内的数学工具及计算机的发明和应用大大增加了决策过程中的科学成分，推动了科学决策的发展。这时期的学者们主要关注决策者应该如何决策这一问题上，而并不关心决策者实际如何决策。研究主要采用演绎法进行理论分析，其研究范式是从抽象的假设和公理出发，演绎出数学模型和结论，提供解决问题的程式化步骤（杨砾等，2008）。

阿莱斯悖论（1953）的提出及埃尔斯伯格悖论（1961）的提出，使传统经济学家们意识到完全依赖规范化的模型和理论无法解释人们的决策行为。1955 年，西蒙在《经济学季刊》上发表的一篇文章中提出了对"经济人"假设的质疑，西蒙认为"经济人"假设不符合现实：第一，人脑不可能考虑一项决策的价值、知识及有关行为的所有方面，因此需要依赖一定程度的主观判断进行决策；第二，决策个体受其生理、心理、感情、经验等多方面的限制，因此人类理性是在心理环境的限度之内起作用的；第三，人们能否进行正确的决策，还要受到其能力、价值观和对目标的了解程度的限制；第四，决策个体受到其所在环境、组织的影响，个体在环境的作用下会对信息进行甄选作为他的决策的依据，而非完备的信息。因此，个体决策"理性"与否也是相对于其所处环境而言，并无绝对的、完全的"理性"。以上几点使得个体无法达到"经济人"假设中的种种"完全理性"，并且西蒙认为，单个个体和企业的行为都"不可能达到任何较高程度的理性"，都是在"有限度"的理性条件下进行的，由此提出了"有限理性"论，即人的行为"意欲合理，但只能有限达到"。

3.1.2 有限理性论对决策理论的影响

"有限理性"论有两大学术贡献（杨砾等，2008）。

第一，以往的经济学着重研究决策结果的合理性，很少注意决策本身的问题，有限理性的提出引发了学者们对实际决策过程的研究，西蒙本人和其他学者开始借助于心理学的研究成果，对决策过程进行分析，使人们更了解实际决策是如何进行的，而不是停留于应该如何决策的问题上。例如，在其随后的研究中运用了心理学的知识对"有限理性"论进行了完善，进一步解释了个体不可能是"经济人"这一结论。比如，在实际决策过程中，人们对每种抉择的后果的了解总是零碎的，并不是完整的，又由于后果产生于未来，在给它们赋予价值时，就必须凭想象来弥补其所缺少的体验，因此对价值的预见也不可能是完整的。并且，对真实行为而言，一个人在构想其可能采取的所有行为模式的过程里，也有一个想象问题，一个人能想到当作备选行为的永远都只能是非常少的几种，也并非全部。除了西蒙本人，心理学家、经济学家、社会学家们也都在各自的领域中通过实验来证明了"有限理性"论，他们探索判断和选择过程中受到的影响因素，以认知心理学和社会心理学为基础，发掘理性决策理论中没有考虑到的行为变量，修正理性决策模型，使得模型更符合决策实际，并由此衍生出了行为经济学、行为金融学、行为运营管理、行为库存管理等多个分支（刘作仪和查勇，2009；崔崟等，2011），这些学科在研究方法上主张以实际调查为依据，通过实验观察决策者的主观心理过程并归纳出结论，对于不符合理性决策理论的现象分析其行为背后的原因，而不是对其决策的正确性做出评价（邵希娟和杨建梅，2006）。可以说，"有限理性"使决策理论从探讨"人们该如何做决策"转向了"人们怎样决策"和"为什么这样决策"，这是一个非常有意义的重大转折。

第二，在于其对决策目标的影响。通常来说，一个决策模型大致包括了如下几个要素：一组备选的行为；未来可能状态，或称决策的结果；一个报酬函数，或者叫效用函数，价值函数；关于一旦选定了一个具体方案，实际会出现哪些结果的信息；关于一旦选定了一个具体方案，一个特殊结果将会发生的概率。因此，对于每个备选行为可能产生的结果，可分为如下三种：

（1）确定的，决策者对所有策略的结果都完全了解，能做出准确的挑选。

（2）风险条件下的，决策者只了解每项策略的概率分布，可以根据期望效用的大小进行选择。

（3）不确定的，每种策略的结果都有可能发生且无法肯定其出现的概率。

西蒙认为，在"有限理性"条件下，决策者只有在确定情况下才符合理性决策的标准，也就是知道所有的后果和每个结果发生的概率，才能成为"经济人"，如在不确定和不完全竞争的情况下，决策行为则只能做到"有限"的理性。

如前所述，"经济人"的决策旨在根据其偏好体系选择出"最优"或者说是"最大化"其效用的方案，而西蒙认为在有限理性假设下，决策者的决策过程都在寻找和选择"合乎要求"的措施，而非寻找"最大化"的措施。而以往的经济学研究只关注结果的合理性，不注意决策本身的问题，忽略了寻找"最大化"这样的假设是否现实可行，而有限理性将决策目标从"最优"原则转向了"最满意"原则，这是有限理性论的第二大贡献。

3.1.3　行为决策研究的发展

有限理性思想对后世影响最大的是为行为科学的产生奠定了基础。

基于有限理性的思想，限制个体偏离"理性"决策的主要原因大致可分为两类：内因和外因，即个体自身因素和其所处环境对其的影响。与心理学的研究不谋而合，内因和外因分别对应了心理学研究的两大派系和其衍生出的相关学科：认知心理学和社会心理学。这两门学科的发展，无疑对"有限理性"论的发展起到了重要的推动作用，其中不少理论和现象都被行为决策理论所借鉴。

学者们以认知心理学和社会心理学为基础不断发掘决策过程中受到的影响因素和行为规律，"决策理论已成为心理学理论和经济理论的一个自然的交接地"（西蒙，1989），并由此发展出了行为决策科学。1961 年，"行为决策之父"Edwards 总结了大量的实验研究，首次提出了"决策权重"理论。2002 年，心理学家 Kahneman 和 Tversky 因前景理论获得了诺贝尔经济学奖，使得行为决策理论得到了学术界的广泛认可，并衍生出了行为经济学、行为金融学、行为投资学、行为运作管理和行为库存管理等众多派系。与理性决策不同，行为决策理论的出发点是决策者采取的行为，学者们通常以认知心理学和社会心理学为基础，探索判断和选择过程中受到的影响因素，进而发掘理性决策理论中没有考虑到的行为变量，修正理性决策模型，使得模型更符合决策实际。

从行为决策理论出现至今，其研究内容经历了三个发展阶段（邵希娟和杨建梅，2006）。第一阶段，学者们最初发现阿莱斯悖论和埃尔斯伯格悖论时，行为决策的研究对象是人们判断和选择的过程。如透镜模型所反映的那样，心理学家们将人的判断和选择过程归纳为信息获取、信息处理、信息输出和信息反馈四个环节。在这一阶段中，"行为决策"研究主要以心理学家为主，少数生理学家和医学家从人脑处理信息的角度进行了辅助性的研究。由于其研究结论很好地解释了经济学"异象"，推动了行为决策理论在经济管理领域的发展。

第二阶段，人们将心理学研究的结论与理性决策模型对照，证实了有限理性在决策过程中的重要性，研究的领域扩大到金融证券投资等方向，逐渐形成了行为经济学、行为金融学等分支。在这一阶段最为重要的理论是前景理论（Kahneman and Tversky，1979），前景理论总结了人们三大认知偏差，描述了人们在不确定条件下决策的真实行为。另有一些经济学研究者提出了"心理账户"和"行为生命周期"等概念（Thaler，1999；Shefrin and Thaler，1988；Hsee，1996），以期更好地解释和预测决策者的行为。

第三阶段，2002 年以后，学者们对行为决策理论的研究重点是对理性决策模型进行完善和弥补，而不是一味地挑战和质疑其合理性。通过概括决策行为特征，提炼出一些理性决策没有考虑的变量，再将其运用到理性决策的分析中，行为决策和理性决策相融合为决策者提供更成熟的决策工具。

3.2　有限理性成因及影响

前文提到，西蒙认为"经济人"假设不符合实际，因为"经济人"会受到多方面的限制，这些限制导致了其无法做出"完全理性"的行为。本书对西蒙的观点进行归纳，认为这些"限制"可分为两类：第一类是内因，包括决策个体自身的限制，比如其生理、心理、情感、经验、能力、价值观和对目标的了解程度及主观判断的准确性等内在限制；第二类是外因，即环境与其所处的组织对其决策的影响。本节分别从这两方面入手，分析"有限理性"对个体决策过程可能产生的影响，为后续的研究提供理论依据。

3.2.1 个体主观心理决策过程

针对个体主观心理决策，Robbins 和 Judge（2005）建立的个体行为模型描述了心理决策的影响因素和机理，如图 3-1 所示。

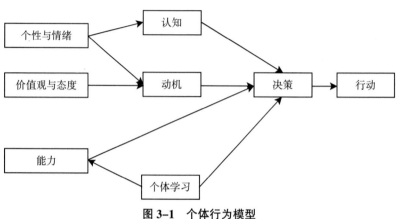

图 3-1 个体行为模型

该模型表示在客观条件给定的前提下，个体个性与情绪、价值观与态度及学习能力均可通过影响认知过程和行为动机进而作用于最终的决策和行动（阿伦森等，2005）。

（1）个性。个性是指人的一组相对稳定的行为特征，这些特征决定了个体在不同情况下的惯有行为。个性受到了遗传、环境及情境等多方面因素的影响，使得不同的决策者即使面对相同的决策问题也可能产生不同的决策结果。

（2）态度。态度是指对人、事、物、理念等的评价，包含情感、认知和行为三种成分，即对态度对象的情绪反应、想法和信念及采取的行动。态度的形成多是基于过去的经验（Zanna and Rempel，1988），而不一定是基于事实。

（3）能力。能力理解为个体在某一工作中完成各种任务的可能性，取决于其拥有的资源和知识。一般来说，能力可从智力能力、情绪智力、实践能力和体质能力四个方面来衡量。对于决策问题来说，实践能力的表现尤为重要。实践能力指个体解决现实问题的心理能力，表现为针对具体情景的、目标导向的、解决方案产生的能力（严进，2009）。一般来说，决策者拥有的与决策问题相关的知识和信息越多，其判断力越高，实践能力越高。

（4）认知。认知是个体被事物刺激从而引起知觉的过程。认知心理学总结人的认知过程实际上可看作对信息加工的过程，这一过程包含了信息获取、加工、输出及反馈几个环节。尽管客观世界是一致的，但由于个体间的差异性，如不同经验背景，其借助的认知框架不同。因此经过不同个体对感受的信息进行有效的组织之后，同样的事物可能引起不同个体不同的知觉。进一步地，决策者的认知和现实很有可能不完全一致，并且其行为将会是以这种知觉为基础，而非客观事实。

（5）动机。动机是指引起、维持个体活动，促使活动向某一目标进行的内在作用。任何活动都由一定的动机引起，外在客观因素是动机的诱因，内在需要在外在条件的作用下产生出满足某种需要的驱动力。内在的需要可能是物质上的，也可能是心理上的，如满足感和快乐，等等。

（6）个体学习。学习是指个体在生活过程中，因循经验而产生的行为，也可指行为潜能的比较持久的变化。学习的影响往往通过作用于个体价值观念而改变人的行为潜能，不一定通过立即的行为变化外显出来。

通过个体行为模型可以看出，即使向决策者提供与决策相关的完整的信息，也不一定能被其有效地组织，引起符合事实的知觉；即使能被有效地组织，认知过程又可能被各种认知偏差所影响。而决策者的能力限制使其不可能获得完备的决策信息，不同个体的个性和价值观同时也会对认知产生影响。

综上，决策的心理过程十分复杂，任何一个环节的偏差都致使决策的"质量"不可能做到完全的理性，当决策者在判断、评价和决策过程中受到社会以及心理因素的影响时，导致其决策者认知、情绪和意志上存在着系统性的偏差（方勇和孙绍荣，2006）。

3.2.2 启发式及其导致的认知偏差

随着学者们越来越深入地探讨上述个体实际决策过程，大量有意思的心理学现象被揭示出来。这些现象表现出了一定的共性，并影响了个体的认知和行为，造成人们在决策中表现出一些非理性现象，如损失厌恶、过度自信、乐观主义、心理账户、预期刚性以及代表性经验判断等（黄健柏等，2007）。1974 年，Kahneman 和 Tversky 在 *Science* 上发表了《不确定性下的判断：启发式和偏见》一文，文中阐释了他们花了 5 年时间研究记录下的在不同情境中体现的直觉思考所存在的成见，或者说是偏差。这些情境包括要求被试对事件的概率进行赋值，对未来进行预测，对假设进行评估以及对频率进行评估，等等。可以说，他们的研究情境包含了个体在决策过程中的各种思考过程。基于这些实验，他们总结出了三类人们在判断决策中依赖的一些准则，也就是启发式，包含锚定与调整、代表性、可得性和基于解释的判断偏差等。因为这些启发式的存在，可能导致人们在决策过程中出现近 20 种成见，正是由于这些偏差的存在，导致了人们一些"非理性"行为结果。

3.2.3 外因对决策的影响

前文分析了内因对决策过程的影响，可以看出，内因可能直接影响决策的准确性（如能力），也有可能通过影响人的认知的准确性和动机而间接对其决策和行为产生影响（如其能力、情感、经验和价值观）。基于"有限理性"论，对个体决策过程产生影响的不仅局限于其内在的限制与不足，外界的环境或其所处的组织也同样对决策结果和行为产生了偏离"理性"的影响。西蒙通过一个简单的例子说明了外因对理性决策的影响。具体来说，个体为了适应环境需要，有可能改变其需要和目标，所处的环境迫使个人不得不选择一些要素作为他的决策的依据，而无法全面考虑全部的要素，让个体不得不从追求"最优"转向了追求"最满意"。

当个体目标发生变化时，随之而来的可能是动机的变化。根据社会心理学家的研究发现，在特定时刻人的想法和行为是由各种交叉动机引发的。而人的动机又反映了其基本的需求：尽可能做出准确的判断的需求（社会认知取向）、维护良好自我感觉的需求（自尊取向）、能够控制环境的需求，甚至生物驱力、恐惧、爱、恩惠及其他涉及社会交易回报的承诺都有可能成为个体决策的动机。有时候，这些需求会将个体引向同一个决策结果，但有时，这些动机让个体左右为难，使得个体在决策时不得不在某种程度上偏向某一些需求，或者是在一定程度上放弃另一些需求（阿伦森等，2005）。

可以说，只有在目标单一，或多个目标具有一致性，不存在任何优化问题，且个体有一个明确的固定不变的欲望水平的情况下，"理性"决策的假设才有可能成立。而现实是，环境的复杂多变使得个体在决策时动机和取向不单一，甚至目标间的冲突成为决策的巨大障碍。此时，寻找"最优"的方案需要花费过高的成本，甚至根本是不可能的，取而代之的是"最满意"（西蒙，2008）。

综上，决策在"有限理性"假设下变得更为复杂，不仅需要考虑到人自身的限制和约束，还需考虑环境对人的影响。进一步地，内因和外因并不是完全相互独立的，外因会通过内因产生作用，共同对决策结果产生影响。比如，环境通过改变个体目标而改变其动机，所以动机不完全只受到价值观和态度的影响，还会受到环境和其所在的组织对其的影响。因此，在现实中，决策者"经济人"的假设是一种过度的简化，决策的结果也不可能是"最优"的，甚至有学者认为在这种多约束条件下，寻求对工程项目最好的解决方案、经济有效地确定并实现目标连"满意"

的准则都无法满足。在这种情况下，决策只能做到"有限最优化"，即，人们在决策中所追求的"最优化"只能是有限的（雷丽彩，2012），如图 3-2 所示。

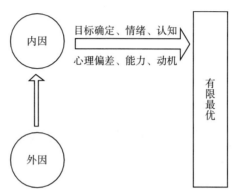

图 3-2 有限理性下的决策

前文提到，行为决策的发展并不是完全否定或推翻理性决策理论，而是通过加入行为变量对其进行改善，从这个角度看，"有限最优"对行为决策的描述更加确切，因此，本书后续章节所提到的"最优"决策，均可理解为"有限最优"，即在考虑"有限理性"要素下的最优决策。

3.3 项目主体决策中的有限理性

第 1 章中提到，现有工程决策研究多基于个体绝对理性假设，没有考虑在实际决策过程中"有限"理性可能带来的影响，尤其对于 PPP 项目来说。第 2 章中揭示了其众多的参与方（见图 2-1），决策信息不完备及合同关系复杂（见图 2-2），各方利益纷繁复杂，人为的影响因素多并且项目投资大、运作周期长和高不确定性等特点，这些都必然导致项目风险很大。因此，在决策过程中，分析有限理性的因素，更好地协调各方利益冲突与矛盾至关重要。根据上一节对"有限理性"决策产生原因的总结，本节分别从内因和外因两方面，对 PPP 项目决策中的有限理性决策进行分析，这对契约安排和科学决策都是十分必要的。

3.3.1　过度自信

在心理学领域有关个人判断的研究成果中，最显著的结论是人们的过度自信（Overconfidence）。过度自信来源于人们的"乐观主义"（optimism），表现为人们在决策过程中对积极事件的估计过度乐观，而对消极事件往往估计不足。De bondt 和 Thaler（1994）认为，"过度自信是决策心理学中适用领域最广的发现之一"。过度自信理论产生于 20 世纪末，这一心理因素主要表现为在经济活动中大多数决策者会对其具备的知识、能力水平和所拥有的信息的准确性表现出过度自信的倾向。Langer（1975）、Weinstein（1980）、Taylor 和 Brown（1988）的研究中均证实了过度自信的存在，人们总是倾向于过高估计自身的知识水平、能力水平以及自身对成功的贡献，比如，人们认为自己比其他人更可能经历积极的事件（寿命更长等），不容易遭受不好的事（被辞退等）。Fischhoff 等（1977）的研究表明，人们总是倾向于高估其所拥有信息的精确性，他们认为一定发生的事件实际上可能只有 80% 的概率发生，而认为一定不可能发生的事件却有 20% 的概率发生。金融市场的投资者，由于过度自信愿意承担更大的风险，提高了其风险偏好（Alpert and Raiffa，1982）。在企业管理者过度自信的研究中，创业家对自己企业的未来的预测、CEO 对并购中可获得的收益的评估、管理者对投资存在的优先偏好、企业发放股利、企业资本结构的调整等问题均存在过度自信的现象（Roll，1986；Hackbarth，2008；梁国萍和吴超，2011）。综上，过度自信是经济行为中普遍存在的心理现象，尤其在管理者中过度自信的影响更为明显。关于过度自信产生的原因，心理学家们认为应归结于"基本归因偏差"（Fundamental Attribution Error）。如人们总是试图给周边发生的事物找一个合理的解释，同样，人们对自身的行为也会有同样的解释冲动，这就是所谓的"归因"。但是，人们对自己行为的归因和对他人行为的归因有所不同，人们对自己的成功往往归因于自身的能力和素质，而将自己的失败归因于外界环境或一些不可控的因素；而对于他人的行为则正好相反，认为别人的失败是由于其内因所导致，成功则是因为幸运。

针对管理者表现出的过度自信，其产生原因可归如下几个方面：首先，从决策者个体因素看，性别、年龄、教育背景、任职经历等个体特征对过度自信水平均可产生影响（Barber and Odean，2001；Taylor and Brown，1988；姜付秀等，2009；江伟，2010）；其次，管理者通常面临较为复杂的决策问题，关于决策的信息越多，管理者决策的准确性越高，但到达一定程度后决策准确性不再随之增高，而此时管理者对准确性的信心仍不断增长，导致了过度自信（Oskamp，1965）；再次，Goel 和 Thakor（2008）认为，管理者的过度自信是有一定风险的，风险与个人业绩呈现正相关，因此过度自信是决策者的必然选择；最后，Paredes（2005）认为，管理者过度自信源于其高收入，因此企业薪酬制度是导致管理者过度自信的因素之一。

工程项目的建设是涉及多方面的问题，如自然环境、社会环境、技术条件等，其决策问题是一个非常复杂的问题，各个决策主体都有可能出现过度自信。在工程建造阶段，施工单位的原材料订购量、储存量、施工进度决策受到市场不确定性和施工需求不确定性的双重影响而变得难以预测，以及尤其在中国环境下，通货膨胀对于 PPP 项目这种运营期长达 10~30 年的项目来说影响尤为严重。因此，PPP 项目对建设的工期和成本的预测十分复杂。在私营企业和总承包商签订总承包合同时，合同中规定了项目的完工日期及所需成本。并且，私营企业为了在一定范围内延长其运营期，希望承建者在保证工程质量的情况下尽量提早完工。如前所述，私营企业和总承包商间的关系可视为委托人和代理人的关系，在委托—代理框架下，私营企业可以通过一定的激励措施对总承包商进行激励提高其施工效率。从承包商的角度来说，提高施工效率必然会带来成本的增高，因此总承包商在对建设工期进行预估时，需要考虑提高施工效率对成本带来的影响。决策问题的复杂性及私营企业提供的激励措施，都会造成承包商在这过程中过度自信。

3.3.2　外部因素影响与主体决策矛盾性

决策主体的"理性"被约束的原因同时受到个体特征和外部环境的影响。现有文献大多用环境或未来变化的不确定性概括环境影响，但对于 PPP 项目而言，外部环境更为复杂，在第 2 章中进行了较为全面的描述（见图 2-4），除了通常的法律环境、市场环境、政治环境以及不可控因素外，中国的 PPP 项目比国外一般要面临着更为复杂的环境。

首先，中国正处于转型过渡期，正在从计划经济向市场经济转型，无论是政府还是其他参与主体，都必然面对着"规则"与"制度"的不完善，在这方面无法与市场经济成熟国家相比。因而，基于市场经济成熟国家环境背景的相关研究成果对我们只能有启发意义。

其次，政府作为参与主体，受到多方面的环境影响与压力，公众的诉求、舆论的压力、上级的要求、同级政府的竞赛等，将政府推到一个矛盾交汇点的境地，加剧了主体决策矛盾性，会影响其理性决策。

最后，政府与企业的关系在转型期也处于不断调整中，普遍存在的现象是，企业为了保证自身利益抑或获得更多利益，会主动与政府"改善"关系，由此有可能产生不正当关系；个别政府官员，也有个人利益追求，造成与企业的关系更加复杂。事实上，PPP 项目中行为风险是一直被关注的。

所有上述因素，加剧了各个参与主体的"非理性"，导致 PPP 项目中利益协调更为困难。其中，很重要的一点是会迫使决策者改变其原有的目标和需求，进一步改变其动机。目标不单一时，个体会受到多种驱动的影响，当所有驱动不一致，指向不同的目标时，决策者会左右为难，决策难度大大增加。在心理学上，我们称之为主体决策矛盾性（Ambivalence），或者说主体决策"纠结"性。主体决策矛盾性指决策主体同时对一个战略问题（Strategic Issue）具有矛盾的认知态度（陈志霞和陈剑峰，2007）。这一概念最初来自心理诊断和心理学的研究（Conner and Sparks，2002；Jonas et al.，2000）。尽管定义不同，但学者们一致认为决策矛盾是一个认知与情感交织的概念。例如，政府官员对 PPP 项目所能带来的收益可能持正面态度，同时对项目私营企业对社会利益的可能损坏持负面态度。与此同时，政府官员对公私合营可能同时存在既爱又恨的个人情感。这样一来，政府官员便在项目上产生了主体决策的矛盾性。

在组织研究中，对决策矛盾性的系统研究刚刚开始。例如，主体决策矛盾性来源于具有冲突性的主体动机（Oreg and Sverdlik，2011），多重身份和角色的期望（Haas and Park，2010；Nag et al.，2007），以及组织与环境的交互作用（Plambeck and Weber，2010），如 Plambeck 和 Weber（2010）发现，企业的高管们面对不同的社会角色的期望更容易接受对同一战略问题的不同属性的解读，从而导致更高的决策矛盾性。

需要注意的是，主体决策的矛盾性必须是针对一个战略问题。所谓战略问题，指的是与决策主体切身利益密切相关的、来源于组织内外部的环境事件（Dutton and Jackson，1987）。例如，政府公共基础设施建设资金的缺乏与大力投入的需要之间的矛盾，使得政府官员对 PPP 项目实现民间资本和基础设施建设对接功能的作用非常重视，从而使得项目具备了战略问题的条件。而战略问题本身往往是结构复杂、决策主体辨识性差、认知模糊的，以及潜在影响具较大不确定性（Mintzberg et al.，

1976)。因此，追求目标的矛盾力量加剧了政府官员决策的矛盾性。

依据行为决策理论（Cyert and March，1963），主体决策的矛盾性会带来主体行为的异化。决策的矛盾性能够扩大被考虑可能行动的集合，增加主体对更广泛反应的参与，以及提高对多种解决方案的承诺，从而扩大主体行动的范围（Plambeck and Weber，2009）。因此，在团队和组织中针对战略问题考虑决策矛盾性对理解组织行为有着十分重要的意义。

3.4　本章小结

工程管理的实质是工程决策，本章针对第 2 章中对 PPP 项目利益协调中的决策难点进行了深入讨论。从有限理性理论的基本概念和内容出发，针对 PPP 项目中的不同决策环节进行分析，为后续章节的研究奠定了基础。

首先，对有限理性的概念和发展进行了概述，总结了有限理性的两大学术贡献：使人们更注重决策过程的研究，而不仅限于决策结果的研究；对传统"经济人"决策目标最大化的假设进行修正，提出了在"有限度"的理性下，决策者不可能做到也没有必要追求效用最大化这一目标，此时决策目标应为"最满意"。

其次，由西蒙提出的两大观点引申出有限理性的产生原因，即决策个体自身的"有限"和外在环境造成的"有限"，并阐述了哪些内在的个体特征等因素会导致"有限理性"，而内部的个体因素会在外部环境的影响下发生变化，进一步加剧个体的"有限"性。文中对相关因素进行了较为详细的阐述。

最后，本章对 PPP 项目中的某些决策环节进行分析，说明在决策过程中政府、私营企业、总承包商等主要参与方可能出现的"非理性"行为，及其可能对决策和利益协调造成的影响，并分析其产生的原因，引出后续章节的研究重点。其中从过度自信、外部环境及主体决策矛盾性三个方面对政府及政府官员"有限理性"的分析，颇有新意。

有限理性的研究推动了决策科学的发展，然而，现有 PPP 决策研究中对此涉及较少，大部分研究还处于将决策者视为完全理性的个体，虽然使得研究决策过程变得简单，但由于对实际决策过程的描述以及研究假定与实际决策情景相差较大，降低了研究结论的可信度。本书在后续章节中将进一步对此进行探讨，还原真实决策过程，得出更具实际意义的结论。

第 4 章 基于过度自信的 BOT 项目 总承包工期激励模型

契约均基于参与各方对未来风险与收益的预期，但对未来的预期，既受到客观因素的局限，也受到行为主体主观因素的约束。本章以过度自信现象为切入点，探讨总承包商过度自信时项目公司最优工期激励设计。由于总承包商施工效率难以观测，因此建立以项目公司为委托人、总承包商为代理人的委托代理模型，分析总承包商过度自信对承包商努力水平、最优激励系数、固定报酬和努力成本的影响。并且针对一般委托代理框架中只描述单向道德风险规避的不足，在初始合同中引入解聘补偿机制抑制项目公司的行为风险，从而做到双向的风险规避。通过模型求解分别研究了总承包商施工效率可观测和不可观测时的最优契约设计问题。本章研究将拓展有限理性理论在委托代理框架中的运用，得到一些重要的结论。

4.1 引言

如前文所述，在 BOT 合作模式下政府以特许权合同的形式将基础设施的投资、建设和一定时间内的运营权授予中标的私营企业。私营企业可获得其在运营期间，即特许权期内的收益以收回成本并获取利益，特许权期的长短直接影响了项目公司的收益。特许权期具有两种形式，单时段特许权期和双时段特许权期（戴大双和宋金波，2010）。如图 4-1、图 4-2 所示。在单时段特许权期中，在一定范围内缩短项目的建设工期可以延长项目的实际运营期，有利于项目公司在其管理期内获得更多的收益；在双时段特许权期的模式下，由于政府要求项目公司必须按时完工，否则将有相应的惩罚，提前则可得到奖励，因此项目公司会要求总承包商按期完工，甚至提前。所以，不管特许权期选择何种形式，项目公司都会将 BOT 项目以工期激励方式委托给一个总承包商，并对其进行一定的激励措施使得总承包商愿意提前完工项目（吴孝灵等，2011）。

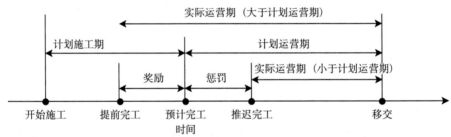

图 4-1　单时段特许权期带激励

资料来源：戴大双，宋金波. BOT 项目特许决策管理 [M]. 北京：电子工业出版社，2010.

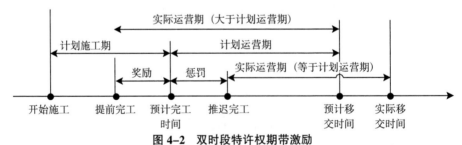

图 4-2　双时段特许权期带激励

资料来源：戴大双，宋金波. BOT 项目特许决策管理 [M]. 北京：电子工业出版社，2010.

工期长短不仅关系到项目公司的利益，同时也关系到承包商的利益。在特许权期一定的情况下，工期过长则使项目公司利益受损，而一味追求缩短工期则可能出现工程质量问题或是承包商成本增加，因此工期激励在工程合同中扮演着重要角色（兰定筠和尹珺祥，2008）。作为委托人的项目公司如何在保证工程质量的前提下对承包商进行工期激励以最大化自身收益这一问题引起学者们的广泛关注。Etgar 等（1998）从业主的角度探讨了如何对项目工期进行激励。Shtub 等（1996）探讨了项目进度的单因素激励。Tareghian 和 Taheri 等（2006）提出以成本最小化作为目标，将节约的成本再分配达到工期激励的目的。Lambropoulos（2007）认为，应以项目整体受益最大化为目标进行工期激励，克服了简单以节约成本再分配作为激励手段的缺陷。陆龚曙和易涛（2011）利用委托—代理理论，认为工程直接费与工期应成非线性关系，以工程成本与工期作为激励因子，构建业主对承包商信息不对称情况下的激励模型并计算出了激励系数。翁东风和何洲汀（2010）将成本、工期和质量同时作为激励系数，假设业主对工程目标的偏好不同，目标函数为反映业主主观态度的多属性效用函数，构建了成本加激励报酬契约模式下的主从递阶决策模型，并通过案例证明了该模型可以使双方收益达到帕累托最优。汪应洛和杨耀红（2005）将单个合同最优工期的研究拓展到多个合同，通过建立多个合同的主从递阶决策模型，对不同合同的激励进行优化从而选择最优工期，使项目业主和承包方的博弈可以达到均衡状态。

由此可见，在工期激励问题中，项目公司可以通过激励手段使承包商提高施工效率从而达到缩短工期的效果。然而对于承包商来说，提高施工效率将使其收益受损，因此承包商只会选择最大化其收益的施工水平。尤其在施工效率无法观测的前提下，承包商存在机会主义行为也就是道德风险。综上所述，现有文献均将项目公司和承包商间的利益协调问题纳入委托代理框架下，研究在防范承包商道德风险的前提下如何对其进行激励。这样的假设存在两个重要的疏忽：

一方面，作为委托人的项目公司同样存在违约不守信的行为风险。

一般来说，业主违约有如下两种形式：一是由于业主的违约导致工程终止，或者根本未能开始工作导致承包商被剥夺了从事工程承包进而获得利润的权利；二是由于业主的违约造成承包商在建造过程中成本增加利润减少（邱闯，2000）。因此，在工程项目工期激励问题中不仅要防范承包商的道德风险，同时应保护承包商的利益，对项目公司的行为风险进行规避。在以往的文献研究中，单方面强调代理人的道德风险使得承包商无法规避项目公司的行为风险。

另一方面，在传统经济学领域里，通常将决策者看作是完全理性的"经济人"，没有考虑决策主体心理因素对决策过程和决策结果的影响，近年来大量的心理学研究证实了这一假设的局限性，导致了从传统信息经济学领域发展而来的标准委托代理理论有着不可避免的缺陷，受到了博弈实验中决策者出现公平偏好和互惠与利他等行为的挑战。一些经济学现象，例如经营者报酬—绩效低敏感性现象无法用标准委托代理模型解释。因此，传统的委托代理模型并不能真实地刻画委托人和代理人决策行为，导致了激励机制扭曲和低效率等问题，其应用范围由于其不可克服的硬伤受到了限制（朱学红等，2007）。

针对上述问题，有学者研究了过度自信对最优激励的影响，发现过度自信在一定程度上可以解释这些经济学现象。Keiber（2002）在其研究中同时考虑了委托人和代理人的过度自信水平，得出了委托人和代理人过度自信水平相同时最优契约的设计。Fang 和 Moscarini（2002）研究了基于过度自信的代理人工资契约设计，研究表明，过度自信有利于节约激励成本。陈其安和杨秀苔（2007）研究了代理人过度自信时，代理人过度自信水平、效益工资和委托人监督成本三者间的关系。严志辉等（2006）对多任务委托代理模型中的过度自信现象进行了研究，研究表明，当考虑过度自信心理偏见时，任务之间激励契约形式与传统多任务委托代理问题中不一样。张征争和黄登仕（2009）研究了不同风险偏好的过度自信代理人的最优薪酬合同设计，结果表明，对不同风险偏好的代理人激励机制有着显著的区别。在 BOT 项目契约设计中，决策主体同样面临着心理偏见对自己和其他参与者决策结果的影响。尤其在工期激励问题中，项目公司与总承包商间的利益冲突可通过委托人和代理人间契约设计进行协调，通过上述文献的研究结论可以看出，过度自信现象对决策结果产生了重要的影响。因此，本书认为，BOT 项目工期激励问题应充分考虑决策者这一心理偏见，使得模型更贴近实际决策情境。

在现有对工期激励问题研究中，较少有学者考虑过度自信对激励合同的影响。而在委托代理框架下研究过度自信心理的文献里，对过度自信的描述局限于对风险控制能力或是对直接受益的过高估计，忽略了另一种过度自信的表现形式，即过度自信者低估其完成任务所需成本。Ghosh 和 John（2000）认为，代理人高估自身能力意味着认为在付出同样努力的情形下可获得更多收益，也就是努力成本更小，因此低估努力成本是过度自信重要的表现形式。另外，针对如何规避 BOT 工程中项目公司对承包商的违约风险，现有文献鲜有涉及。刘新民等（2010）在针对双边道德风险规避的研究中，认为在合同中引入解聘补偿机制能在一定范围内抑制委托人道德风险。因此，本章以 BOT 工程项目为背景，在特许权期一定的情况下，以现有工期激励研究为基础探讨总承包商过度自信时项目公司最优激励设计，分析过度自信对承包商努力水平、最优激励系数、固定报酬和努力成本的影响；并在初始合同中引入解聘补偿机制抑制项目公司的行为风险，从而做到双向的风险规避，以弥补现有工期激励问题研究中只对单向道德风险进行规避的不足。

4.2　工期激励描述

在特许权期给定的前提下，项目的建设时期越短则项目公司的运营期越长，从而可以获得更多的利益。项目公司往往通过合同的方式将项目委托给一个总承包商完成，并且通过一定的激励手段促使承包商尽快完成任务。本书采用文献（吴孝灵等，2011）中对工期激励合同的描述：如果承包商在合同规定的时间前完工，项目公司根据工期提前情况对承包商进行奖励；如果承包商没有按时完工，项目公司根据工程滞后情况对承包商做出处罚。工期激励合同可以表示为：

$$w(t) = \omega_0 + \omega_1(t_0 - t) \tag{4-1}$$

式中，t_0 为合同中规定的项目工期；t 是实际完工的时间；当承包商可按照合同规定的工期完成项目时，则可获得固定收入 ω_0，没有奖励和惩罚；ω_1 表示承包商提前或延期完工时，单位时间内受到的奖励和惩罚，即项目公司对承包商的激励强度。

项目实际建设工期 t 不仅与承包商的努力程度相关，也取决于外部的环境，可设为：

$$t = t(e, \theta) = \frac{k}{e} + \delta\theta \tag{4-2}$$

式中，e 为承包商的努力程度，这里我们将其理解为施工的效率；k 表示项目的总工作量；$\theta \sim N(0, \sigma^2)$ 为随机变量，表示外部环境对项目工期的影响；δ 表示外界随机因素对项目工期的影响程度。

在委托—代理框架下，承包商的努力程度，即施工效率很难被观察，外部环境的不确定因素也很难准确地预测。承包商可以利用这一信息优势选择最大化其自身利益的施工效率，并将工期的延误归因于外界环境对其的影响，即承包商存在道德风险。作为委托人的项目公司为了防范承包商的道德风险，则根据实际完工的情况采取一定的激励手段对承包商进行奖励或惩罚，以使其选择的施工效率与自己的利益一致。然而，从承包商的角度看，作为业主的项目公司同样存在着一定的违约和不守信风险，为了防范项目公司的违约风险在初始契约中规定代理人解聘补偿被视为较为有效的措施（刘新民等，2010）。即在委托人和代理人在签订初始契约时规定，如果项目公司无故解聘总承包商，则必须支付给代理人金额为 B 的解聘补偿金，解聘后项目公司需另外雇用承包商，可以为项目公司带来 R' 的行业平均产出水平。在这一机制下，双方的行为风险均可在契约设计中得到一定程度的规范，因此需要设计出这样一份合同使双方利益同时达到最大。

4.3　总承包工期激励模型

4.3.1　模型建立

假设某 BOT 项目，项目公司获得特许权期 T 年，可预测在运营期内年均收益 R。根据式（4-2）描述，项目公司的实际收益为：

$$\pi = \pi(e, \theta) = R[T - t(e, \theta)] \tag{4-3}$$

式（4-3）表明，项目工期将会影响项目公司的实际运营期限。如果承包商提前完工，则项目公司获得更多的运营期限，收益增多；当承包商延迟完工，项目公司运营期缩短，收益减少。

设项目工程总成本 C 包含两部分：建设成本和运营期间的维护成本。

为简化计算，假定 C 为常数。如前所述项目公司存在违约风险 p，当项目公司无故违约时需赔偿承包商的金额为 B(e, p)，因此项目公司的期望效用可表示为：

$$E_\theta\{v((1-p)[\pi(e, \theta)-w(t(e, \theta))-C]+p(R'-B))\} \qquad (4-4)$$

式中，v(·) 表示项目公司的效用函数。

以式（4-4）为目标函数，项目公司为最大化期望效用而选择合适的激励合同 w。但在委托代理框架下该优化问题仍需满足两个约束条件，即代理人承包商的参与约束和激励相容约束。假设承包商所需付出的施工总成本 c(e) 为施工效率的函数，其期望效用为：

$$E_\theta\{u((1-p)(w(t(e, \theta))-c(e))+pB)\} \qquad (4-5)$$

式中，u(·) 表示承包商的期望效用函数。

参与约束是指承包商接受合同所能获得的期望效用不小于不接受合同时所能获得的期望效用，也可称为保留效用。保留效用由承包商其他市场机会所决定，假设为 $\bar{\mu}$。则承包商的参与约束表示为：

$$E_\theta\{u((1-p)(w(t(e, \theta))-c(e))+pB)\} \geqslant \bar{\mu} \qquad (4-6)$$

激励相容约束是为了防范承包商的道德风险，项目公司采取的激励应使承包商选择最大化其期望效用的施工水平。因为承包商选择的施工水平无法观测，因此项目公司只能通过最大化承包商自身的期望效用来实现。激励相容约束可表示为：

$$E_\theta\{u((1-p)w(t(e, \theta))-c(e)+pB)\} \geqslant E_\theta\{u((1-p)w(t(e', \theta))-c(e')+pB)\} \qquad (4-7)$$

式（4-7）表示当承包商选择其他施工水平时，所获得的期望效用不大于选择最优施工水平时的期望效用，即承包商选择的施工效率不仅最大化项目公司利益，同时也最大化承包商自身收益，使得承包商在这种激励机制的作用下必然选择最优的施工效率。

因此，该问题可表述为一个委托—代理模型：

$$\max_{w(t)} V = E_\theta \{ v((1-p)[\pi(e, \theta) - w(t(e, \theta)) - C] + p(R' - B)) \}$$

$$\text{s.t. } E_\theta \{ u((1-p)(w(t(e, \theta)) - c(e)) + pB) \} \geqslant \bar{\mu}$$

$$\max_e U = E_\theta \{ u((1-p)(w(t(e, \theta)) - c(e)) + pB) \}$$

4.3.2　过度自信的数学描述

如前所述，现有关于过度自信的表现形式可以总结为如下几种：人们对自己能力往往过高估计，相信付出同等努力的情况下自己可以比别人创造更多的收益，也就是说付出的努力成本更小；并且在某项工作中担任重要职位的决策人会比这项任务中的其他人过度自信程度更高；人们倾向于高估自身所掌握的知识与信息的准确程度，认为自己对信息的提取、收集、分析是没有误差的，即信息是完备的；大多数人认为自己的水平高于平均水平，对自身评价高于其他人对其评价；比起失败的经历人们往往更愿意提起成功的经历；高估自己对某项任务成功的贡献度。基于以上行为，目前学者们往往倾向于用以下两种数学模型描述过度自信这一心理偏好：

（1）Gervais 和 Goldstein（2004）定义了过度自信水平 $d = A - a$。$d > 0$，代表过度自信水平；A 代表过度自信者认为的自身能力水平；a 代表其实际能力水平。

（2）当分析外部环境对决策结果的影响时，Keiber（2002）认为，描述外部环境的随机变量 ε 分布一般假设满足 $(0, \sigma^2)$ 的正态分布。由于过度自信者高估了自身能力和信息掌握程度，认为可以将随机变量方差，也就是风险控制在较小的范围内即 $k\sigma^2$，其中 k 值描述了过度自信水平，当 $0 < k < 1$ 时表示决策者是过度自信的，k 值越小表明过度自信水平越高。

本书借鉴上述思想，根据张征争和黄登仕（2009）对过度自信的定义，认为过度自信的代理人高估自己能力。具体来说，在获得相同收益时，过度自信的承包商认为其努力成本小于实际成本，也就是努力成本系数比理性承包商更小，相对可获得更多收益。

4.3.3 基本假设

假设 4.1 本书假设 BOT 项目在未来的单位时间内的净收益 R > 0，也就是项目公司在未来的可获得的收益可以使其收回成本，包括建设成本和维护成本。

假设 4.2 总承包商过度自信表现为总承包商对于未来的预期存在偏差，即认为其获得同等收益的前提下所需付出的成本小于实际所需成本，且施工成本和边际成本应随施工效率的提高而增加，即 $dc(e)/de > 0$，$d^2c(e)/de^2 > 0$，所以假设

$$c(e) = \gamma\beta e^2/2 \tag{4-8}$$

式中，$\beta > 0$ 为施工成本系数，β 越大表明承包商的技术水平越低；β 越小表示其技术水平越高。γ（$0 < \gamma < 1$）为承包商的过度自信系数，γ 越大表明承包商的过度自信程度越低，其预期的施工成本越接近实际成本；γ 越小表明承包商的过度自信程度越高，其预期的施工努力成本越偏离实际成本。

假设 4.3 委托人项目公司风险中性，代理人承包商风险规避，效用函数具有不变绝对风险规避特征。这一假设意味着项目公司的期望效用等于其期望利润，而承包商由于希望规避外部不确定因素对工期的影响，其效用函数具有风险规避的特征，即

$$u(X) = -\exp(-\rho X) \tag{4-9}$$

式中，ρ 表示承包商的绝对风险规避度，$\rho > 0$ 表示承包商是风险规避的，$\rho = 0$ 则表示承包商是风险中性的。

假设 4.4 项目公司在工程未开工前违约的概率为 p，并和承包商在签订初始契约时规定解聘补偿 B，包含承包商为获得建设权而付出的努力

成本和承包商的损失补偿。B 为违约概率 p 的函数，且满足 $\partial B / \partial p > 0$，即项目公司违约倾向越高，则应赔偿的违约金越多。

4.4　求解与最优激励合同设计

本节分别对承包商施工效率可观察和不可观察两种情况下代理人过度自信对契约设计的影响进行分析，给出上述委托—代理模型的最优激励形式。

4.4.1　施工效率可观察的最优激励合同

当 BOT 项目总承包商的施工效率可观察时，项目公司可以通过合同来强制承包商选择满足参与约束前提下使其利益最大化的施工效率，所以无须考虑激励相容约束。根据假设 4.3，承包商是风险规避型决策者，其效用函数满足式（4-9）。将式（4-5）代入式（4-9），其确定性等价收入可表示为：

$$\overline{U} = pB + (1-p)\left[\omega_0 + \omega_1(t_0 - k/e) - \gamma \beta e^2/2\right] - \rho(1-p)^2 \omega_1^2 \delta^2 \sigma^2/2 \quad (4-10)$$

即承包商所获得的期望效用可以表示为从确定性等价收入 $\overline{U}$ 中获得的收入，且从式（4-9）可知承包商的效用函数递增，因此在承包商施工效率可观测情形下该问题可表示为如下模型：

$$\max V = p(R' - B) + (1-p)\left[R(T - k/e) - \omega_0 - \omega_1(t_0 - k/e) - C\right] \quad (4-11)$$

$$\text{s.t. } \overline{U} = pB + (1-p)\left[\omega_0 + \omega_1(t_0 - k/e) - \gamma \beta e^2/2\right] - \rho(1-p)^2 \omega_1^2 \delta^2 \sigma^2/2 \geqslant \overline{\omega}$$

$$(4-12)$$

式中，$\overline{\omega}$ 为承包商的机会收益，$u(\overline{\omega}) = \overline{\mu}$。式（4-12）表明承包商愿

意参与的条件是其确定性收益不小于其机会收益。

为求解该模型，考虑其 Kuhn-Tucker 条件如下：

$$
\begin{cases}
\dfrac{\partial V}{\partial e^*} + \lambda \dfrac{\partial U}{\partial e^*} = 0 \\[2mm]
\dfrac{\partial V}{\partial \omega_0^*} + \lambda \dfrac{\partial U}{\partial \omega_0^*} = 0 \\[2mm]
\dfrac{\partial V}{\partial \omega_1^*} + \lambda \dfrac{\partial U}{\partial \omega_1^*} = 0 \\[2mm]
\lambda(\bar{U} - \bar{\omega}) = 0
\end{cases}
$$

式中，$\lambda \geq 0$ 为其 Kuhn-Tucker 乘子。解上述方程组，可以求得 $\lambda = 1$，上述问题的最优解为：

$$
e^* = \left[\frac{Rk}{\gamma\beta} \right]^{1/3} \tag{4-13}
$$

$$
\omega_1^* = 0 \tag{4-14}
$$

$$
\omega_0^* = \frac{\bar{\omega} - pB}{1-p} + \frac{\beta\gamma e^2}{2} \tag{4-15}
$$

则项目公司的最优期望利润为：

$$
V = p(R' - B) + (1+p)\left[R\left(T - \frac{k}{e^*}\right) - \omega_0^* - C \right] \tag{4-16}
$$

根据契约最优解可以得出以下一些结论：

（1）当信息对称时，项目公司的最优期望利润与激励系数 ω_1 无关，此时项目公司不需要对承包商采取激励措施。这是因为如果项目公司观察到承包商的施工效率，可以要求承包商的施工效率最大化项目公司期望利润，因此只需支付一定的固定收入 ω_0^* 而不需给予额外的激励。

（2）$\dfrac{\partial \omega_0^*}{\partial \gamma} = \dfrac{[R^2 k^2 \beta]^{1/3} \gamma^{-2/3}}{6} > 0$，$\dfrac{\partial e^*}{\partial \gamma} = -\dfrac{1}{3}\left[\dfrac{Rk}{\beta} \right]^{1/3} \gamma^{-4/3} < 0$，项目公司付给承包商的固定支付与承包商自信水平成负相关，即承包商自信水平越高，得到的固定支付越少。这是因为自信程度越高说明承包商估计的努

力成本越低，因此项目公司给出的支付也越低；而承包商选择的最优施工效率和过度自信程度正相关，即自信程度越高（γ 越小），承包商选择的最优努力水平越高，说明即使项目公司不愿给出高的固定支付，自信的承包商因为过低估计任务的完成难度仍愿意付出高的努力。

而在承包商施工效率无法观测时，承包商会选择最大化自身利益的努力水平，因此项目公司需要对承包商做出一定的激励使其与自己的利益目标一致。

4.4.2　施工效率不可观察的最优激励合同

承包商施工效率不可观察时为了使承包商选择最优施工效率，项目公司需要通过激励相容约束对承包商进行道德风险防范。根据式（4-10）可知，激励相容约束可表示为：

$$\max_{e} \overline{U} = pB + (1-p)\left[\omega_0 + \omega_1(t_0 - k/e) - \gamma\beta e^2/2\right] - \rho(1-p)^2\omega_1^2\delta^2\sigma^2/2$$

$$(4-17)$$

由式（4-17）一阶导可求出承包商的最优策略：

$$\frac{\partial \overline{U}}{\partial e^*} = 0 \Rightarrow e^* = \left[\frac{\omega_1 k}{\beta\gamma}\right]^{1/3} \tag{4-18}$$

因此，项目公司最优合同设计问题可表述为：

$$\max V = p(R'-B) + (1-p)\left[R(T - k/e^*(\omega_1)) - \omega_0 - \omega_1(t_0 - k/e^*(\omega_1)) - C\right]$$

$$(4-19)$$

s.t. $\overline{U} = pB + (1-p)\left[\omega_0 + \omega_1(t_0 - k/e^*(\omega_1)) - \gamma\beta e^*(\omega_1)^2/2\right] - \rho(1-p)^2\omega_1^2\delta^2$

$\sigma^2/2 \geqslant \overline{\omega}$ $\qquad\qquad (4-20)$

根据 Kuhn-Tucker 定理，该模型等价于：

$$\max_{\omega_1} V = p(R'-B) + (1-p)\left\{R(T - k\left[\omega_1 k/\beta\gamma\right]^{-1/3}) - C\right\} - \overline{\omega} + pB$$

$$-\rho(1-p)^2 \omega_1^2 \delta^2 \sigma^2/2 - (1-p)\beta\gamma [\omega_1 k/\beta\gamma]^{2/3}/2 \tag{4-21}$$

求解该模型，可得如下命题：

命题 4.1 承包商过度自信下的最优激励合同 ω_1^* 满足如下方程：

$$g(\omega_1) = 3\rho(1-p)\delta^2\sigma^2\omega_1^{7/3} - k^{2/3}[\beta\gamma]^{1/3}(R-\omega_1) = 0 \tag{4-22}$$

最优激励合同项目公司固定支付 ω_0^* 的最优解为：

$$\omega_0 = \frac{\overline{\omega}-pB}{1-p} + \frac{3(\beta k^2)^{\frac{1}{3}}\gamma^{\frac{1}{3}}\omega_1^{*\frac{2}{3}} + \rho(1-p)(\omega_1^*\delta\sigma)^2}{2} - \omega_1^* t_0 \tag{4-23}$$

且最优解 ω_1^* 满足 $\omega_1^* \leqslant R$，并有如下性质：

（1）$\partial\omega_1^*/\partial R > 0$；

（2）$\partial\omega_1^*/\partial(\rho\delta^2\sigma^2) < 0$

证明：由 $\dfrac{\partial g}{\partial\omega_1} > 0$ 可知，$g(\omega_1)$ 在 $(0, +\infty)$ 上单调递增。又由于 $g(0) < 0$，$g(+\infty) > 0$，可知 ω_1^* 具有唯一解。由目标函数关于 ω_1^* 的一阶导为：

$$\frac{\partial V}{\partial\omega_1} = -\frac{1}{3}\omega_1^{-\frac{4}{3}}\{3\rho(1-p)^2\delta^2\sigma^2\omega_1^{7/3} - k^{2/3}(1-p)[\beta\gamma]^{1/3}(R-\omega_1)\}$$

$$= -\frac{1}{3}\omega_1^{-\frac{4}{3}}(1-p)g(\omega_1) = 0$$

由上式结合 $g(\omega)$ 的单调性可知，函数 V 在 $g(\omega_1)=0$ 即 ω_1^* 处取得最大值。

将 ω_1^* 代入式（4-20），可得 ω_0^*

$$\omega_0^* = \frac{\overline{\omega}-pB}{1-p} + \frac{3(\beta k^2)^{\frac{1}{3}}\gamma^{\frac{1}{3}}\omega_1^{*\frac{2}{3}} + \rho(1-p)(\omega_1^*\delta\sigma)^2}{2} - \omega_1^* t_0$$

又由 $g(\omega)=0$ 可得

$$R - \omega_1^* = \frac{3\rho(1-p)\delta^2\sigma^2\omega_1^{7/3}}{k^{2/3}[\beta\gamma]^{1/3}} \geqslant 0$$

可知 $\omega_1^* \leqslant R$，当且仅当 $\rho\delta\sigma = 0$ 时取等号。当 $\omega_1^* \neq R$ 时

$$\frac{\partial \omega_1^*}{\partial R} = \frac{\beta^{1/3} k^{2/3} \gamma^{1/3}}{7\rho (1-p) \delta^2 \sigma^2 \omega_1^{4/3} + k^{2/3} [\beta\gamma]^{1/3}} > 0$$

$$\frac{\partial \omega_1^*}{\partial (\rho \delta^2 \sigma^2)} = \frac{-3(1-p) \omega_1^{7/3}}{7 (1-p) \omega_1^{4/3} \rho \delta^2 \sigma^2 + k^{2/3} [\beta\gamma]^{1/3}} < 0$$

命题 4.1 得证。

根据模型的最优解及其性质可以看出，项目公司对承包商的激励不会超过项目在单位时间内的净收益，且如果项目未来单位时间内的净收益越高，则项目公司对承包商的激励力度越大，这是因为项目公司为了提早将工程投入运营，会采取更强的激励措施促使承包商提早完工。

在 BOT 项目工期激励合同设立解聘补偿后，由委托人的期望效用对违约概率 p 的一阶条件得：

$$p = \frac{R' - B - [R(R(T-k/e) - \omega_0 - \omega_1(t_0 - k/e) - C)]}{\partial B/\partial p} \tag{4-24}$$

推论 4.1　加入解聘补偿后项目公司的解聘倾向降低，解聘补偿机制可有效抑制项目公司的违约风险。

由式（4-24）可以看出加入解聘补偿机制后委托人的违约成本增加，因此委托人会更加慎重地考虑是否解聘代理人，补偿金额越大项目公司解聘的概率越小；同时，项目公司解聘承包商后需另外聘请承包商为其工作，解聘概率也受到另外聘请的承包商为其带来的收益的影响。当另外聘请的承包商可以为其带来的收益足够大时，项目公司会倾向于解聘当前承包商。

由式（4-22）和式（4-23）可以得出：

$$\frac{\partial \omega_1}{\partial p} = \frac{3\rho\delta^2 \sigma^2 \omega_1^{7/3}}{7p (1-p) \delta^2 \sigma^2 \omega_1^{4/3} + k^{2/3} \beta^{1/3} \gamma^{1/3}} > 0 \tag{4-25}$$

$$\frac{\partial \omega_0}{\partial B} = \frac{-p}{1-p} < 0 \tag{4-26}$$

推论 4.2　项目公司违约概率越大，BOT 项目最优工期激励合同中给出的激励力度越大；违约补偿金额越高，项目公司愿意给出的固定支付越少。

从承包商的角度看，项目公司违约概率越大，承包商所承担的风险越大，相应地，承包商应对项目公司违约风险的成本也越大，承包商应得到更高的激励以补偿其风险成本；对于项目公司来说，违约概率高可能出于对承包商的能力不信任或对另外聘请承包商可带来的收益更乐观，如果违约不发生，项目公司为了得到更长的运营期倾向于采取更强的激励措施使工期提早完工，因此委托人违约概率越大，最优激励合同中激励系数越大。当双方通过谈判达成一个较高的解聘补偿金额时，项目公司违约成本增加，因此，项目公司会以降低固定支付的途径来弥补其增加的隐性成本，即固定支付随着违约补偿金的增加而减少。

由式（4-22）对过度自信水平 γ 的一阶最优条件可得：

$$\frac{\partial \omega_1}{\partial \gamma} = \frac{k^{2/3} \beta^{1/3} (R - \omega_1)}{21\rho (1 - p) \delta^2 \sigma^2 \omega_1^{4/3} \gamma^{2/3} + 3k^{2/3} \beta^{1/3} \gamma} > 0 \qquad (4-27)$$

推论 4.3　承包商施工水平不可观测时，随着承包商过度自信水平上升工期激励合同中提供的激励程度越小。

式（4-27）说明承包商的过度自信水平对最优激励系数会产生影响。承包商的过度自信水平越高意味着承包商对自身能力越有信心，认为其可以以更少的成本完成任务，因此委托人项目公司提供的激励程度越小；当承包商过度自信水平较低时对自身的能力越不自信，估计的施工成本越高，因此合同中规定的激励系数也会越高。

由式（4-18）最优施工水平 e^* 对过度自信系数 γ 的一阶导可得：

$$\frac{\partial e^*}{\partial \gamma} = \frac{1}{3} \left[\frac{k}{\beta \gamma \omega_1^{*2}} \right]^{\frac{1}{3}} \left[\frac{\partial \omega_1^*}{\partial \gamma} - \frac{\omega_1^*}{\gamma} \right] \qquad (4-28)$$

也就是说，当 $\frac{\partial \omega_1^*}{\partial \gamma} > \frac{\omega_1^*}{\gamma}$ 时，$\frac{\partial e^*}{\partial \gamma} > 0$；当 $\frac{\partial \omega_1^*}{\partial \gamma} < \frac{\omega_1^*}{\gamma}$ 时，$\frac{\partial e^*}{\partial \gamma} < 0$。

推论 4.4　当最优激励系数对承包商过度自信系数的敏感程度高于一

定阈值时，承包商自信程度越低，愿意选择的施工效率越高；反之，当最优激励系数对承包商的过度自信水平的敏感程度小于一定数值时，随着承包商自信程度越高，其愿意付出施工水平越高。

推论 4.4 说明与承包商施工效率可观察时的情形不同，承包商选择的施工水平不可观察时，施工效率随着其过低自信程度的变化情况，取决于项目公司的激励对承包商自信程度变化的敏感程度。当项目公司对承包商自信系数的敏感程度变化高于一定阈值（激励系数对过度自信系数的比值）时，承包商的施工效率会随着过度自信程度减小（γ 增加）而增加；反之，承包商的努力水平随着自身过度自信水平增加而增加。也就是说，当委托人给予的激励系数增值小于一定阈值时，虽然代理人自信程度越高委托人给出的激励系数越低，但其认为自己所需的努力成本也相应较低，因此代理人愿意选择高的施工水平；而当激励系数增值大于一个阈值时，代理人越不自信时认为自己会付出更多的努力成本，但是此时委托人愿意给出的激励力度的增值，即激励系数对过度自信的敏感度较大，委托人的激励作用大于代理人不自信程度，可以弥补付出的努力成本，因此代理人仍愿意选择更高的施工水平。

这里值得关注的是，与以往文献中得到的结论有所不同，本书结论是代理人过度自信水平对最优激励的影响呈现负相关，但努力水平与过度自信水平并非绝对的负相关，而是取决于最优激励系数对过度自信系数的比值，代理人选择的最优努力水平是综合考虑自身努力成本及最优激励后的决策。造成这一结论的主要原因可能有以下两点：①本书对过度自信的描述方式有别于以往文献。在以往文献中，大多数学者对于委托—代理问题中的过度自信问题的描述以过度自信者认为自身可创造更高收益和可更有效地控制未来收益风险为主。而本书认为过度自信可体现在过度自信者对自身成本的估计有偏差。因此对于最优激励来说，自信水平越高最优激励越低。②以往文献大多在一般委托—代理框架下讨论过度自信对契约设计的影响，因此委托人和代理人的收益函数是线性的，而本书以 BOT 项目工期激励作为研究背景，项目公司和总承包商的效用函数均是非线性的，因此得出了不同的结论。对比本研究和以往文献所得结论，可以认为对过度自信不同的描述及效用函数形式均会对委托—代理最优激励问题产生不同影响，以往文献得出的结论有其局限性，这一点将在后续的研究中进一步展开探讨。

4.5　本章小结

本章以 BOT 工程项目为背景，探讨了总承包商过度自信时项目公司对其最优激励问题，并在初始合同中引入解聘补偿机制抑制项目公司的行为风险，分析过度自信及解聘补偿机制对承包商努力水平、最优激励系数、固定报酬的影响，得出以下几点重要结论：

（1）加入解聘补偿机制后项目公司的违约成本增加，解聘补偿机制可有效地抑制项目公司的违约风险。但同时解聘概率也受到另外聘请的承包商为其带来的收益的影响，当另外聘请的承包商可以为其带来的收益足够大时，项目公司会倾向于解聘当前承包商。违约补偿金额越高，项目公司愿意给出的固定支付越少。

（2）在施工效率可观测时，项目公司的最优期望利润与激励系数 ω_1 无关，此时项目公司不需要对承包商采取激励措施而只需支付一定的固定收入，并且承包商自信水平越高，得到的固定支付越少。而承包商选择的最优施工效率和过度自信程度正相关，即自信程度越高（γ 越小），承包商选择的最优努力水平越高。

（3）在施工效率不可观测的前提下，随着承包商过度自信水平上升工期激励合同中提供的激励程度越小；项目公司违约概率越大，BOT 项目最优工期激励合同中给出的激励力度越大。

（4）在施工效率不可观测时，当最优激励系数对承包商过度自信系数的敏感程度的比值高于一定阈值时，承包商自信程度越低，愿意选择的施工效率越高；反之，当最优激励系数对承包商的过度自信水平的敏感程度小于一定数值时，随着承包商自信程度越高，其愿意付出施工水平越高。

（5）与以往文献（刘新民等，2010；Gervais and Goldstein，2004）对比发现，对过度自信的描述不同会对委托—代理框架下最优激励问题产生不同影响。在以往文献中，大多数学者对于委托—代理问题中的过度自信问题的描述以过度自信者认为自身可更有效地控制未来收益风险和未来可创造更高收益为主，而本书认为过度自信可体现在过度自信者对自身努力成本的估计有偏差，且由于效用函数的假设也不是简单的线性函数。因此，代理人过度自信水平对最优激励的影响呈现负相关，而努力水平与过度自信水平并非绝对的负相关，这一结论证明了以往研究适用范围的局限性，为过度自信下的委托—代理问题研究提供了新思路。

本章从过度自信的角度出发，对 BOT 项目工期激励问题进行了探讨，得到了上述重要的结论，以有别于以往文献对过度自信的描述方式，从有限理性出发，在工期激励模型中加入了行为因素带来的影响，为过度自信这一普遍心理偏差在委托—代理框架下的应用提供了新的视角。

第 5 章　PPP 项目政府主体特征与企业风险性研究

　　PPP 项目的发起方、委托方、最终决定权是政府公共部门，在实际运作中政府或者进一步明确政府官员作为参与方其行为同样会受到"有限理性"的影响与制约，因为政府并不具有"稳定的""一致性偏好"，而是有着复杂内在动机与多元利益诉求，因而产生主体决策矛盾性。种种内因在外部环境因素影响下，会引发或加剧其决策行为的非理性、增加项目运作中企业风险，从而影响收益。本章细化与深化政府官员个体因素，借鉴相关研究成果，运用实证研究方法探讨在中国转型期特定情境影响作用下，其个体特征变量对 PPP 项目中私营企业风险影响过程机制，为理解政府风险的形成以及作用，降低来自政府风险，更有效实施 PPP 项目提供依据，也为拓展与完善相关研究提供新的视角与方法。

5.1　引言

　　如前所述，PPP 项目中私营企业往往面临着巨大的风险。而根据世界新能源网（2004 年 9 月 29 日）的报道，政府在 PPP 项目中的履约风险是私营企业面临的最大风险。其中，变更合同条款、不履约、延迟或提前等行为是政府施加给私营企业的主要项目风险（亓霞等，2009）。这些风险在长春汇津污水处理厂项目、廉江中法供水厂项目，以及沈阳第九水厂项目等相关报道中体现得尤为充分。鉴于以上现实案例，研究 PPP 项目中政府与企业所面临的项目风险性之间的关系，便显得尤为紧迫而重要。另外，现有 PPP 项目研究的文献却未能充分揭示政府对私营企业在 PPP 项目上的风险性问题。首先，现有文献将政府和政府官员在 PPP 项目上的利益诉求假定为一致的，从而忽视了对 PPP 项目负主要责任的政府官员（即项目核心政府官员）对私营企业项目风险性的影响；其次，现有文献没有对政府影响企业风险的过程做出理论上的解释；最后，现有研究聚焦于 PPP 项目中的政府和企业互动，而忽视了两者的关系是嵌入在更为广阔的社会情境中的。这些研究上的不足，限制了我们对 PPP 项目中政府和私营企业关系的深入理解，不能更好地为 PPP 项目的实施和改进提出更有意义的建议及理论指导。

基于对以上现实紧迫性和理论研究意义的认识，我们构建了理论框架来研究社会嵌入情境下政府官员背景特征与企业项目风险性之间的关系（见图 5-1）。我们的核心理论观点是：政府官员的背景特征，即个体内因是我们推断该政府官员在与企业互动过程中决策矛盾性水平的可观测线索。这些显性的线索能够使我们预测到企业项目风险性水平的高低。更进一步地，我们认为，私营企业的政企关联、官员之间的政治锦标赛晋升压力、公众舆论压力等社会情境因素，即外部环境因素能够改变或影响政府官员主体决策矛盾性的水平，从而改变政府官员背景特征与企业项目风险性之间的关系。为了检验理论研究框架，我们利用世界银行数据库构建了中国 PPP 项目数据库，使用计量模型回归方法对理论框架进行了检验，得到了丰富而有益的研究结论，为 PPP 项目更好地实施提供了较好的理论指导。

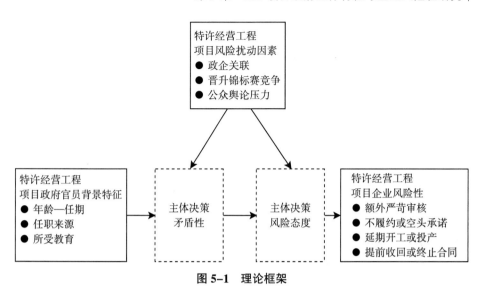

图 5-1　理论框架

　　首先，本章对文献中政府与政府官员的利益一致性假设进行了探讨，将研究的焦点集中于政府官员和私营企业的互动；其次，根据第 3 章对主体决策矛盾性的讨论成果，将这一核心概念纳入本研究框架，研究它在政府与企业之间行为中的影响；再次，本章利用主体决策矛盾性这条主线，发展了政府官员背景特征与企业项目风险性之间关系的理论假设，并探讨了社会情境因素的扰动作用（即调节效应）；又次，本章详细介绍了本章数据库的建立、变量的测量、研究方法和计量回归结果；最后，对本章的研究结论进行了讨论。

5.2 政府、政府主体与企业项目风险性

5.2.1 政府与政府主体利益一致性

在大多数与 PPP 项目有关的模型中，学者假定政府与政府行为主体（即项目所涉及的核心政府官员）之间的利益是一致的，即政府的利益诉求就是官员的利益诉求。涉及政府及其官员利益诉求的模型，最为突出的是基于寻租理论的博弈模型。根据寻租理论模型（Rent-seeking Model），政府官员利用政府代理公众利益而获得的公权力人为地创造稀缺的经济管制政策产生经济租金，以获得垄断利益或额外收益的直接非生产性寻利行为（卢现祥，2000；贺卫和王浣尘，2005；杨宏力，2010）。在 PPP 项目中，因为项目建设最终决定权属于国家，而相关政府部门为建设权力的使用者，政府官员又受国家或上级主管部门的委托拥有相关项目建设权力的发放权（如工程发包权）等。权力的拥有者和使用者相分离使政府官员的寻租具备可操作空间。针对企业的风险性而言，企业可能面临来自政府的各种契约风险。例如，官员可以通过政府部门（如质量检测部门、环保部门）施加更为严格的检查手段，增加企业在按期竣工投产方面的风险。基于寻租理论，项勇和任宏（2006）以国家、项目主管部门、项目建设者三方构建基于工程项目寻租的博弈模型，根据均衡解给出了解决寻租活动的政策。甘露和李华红（2007）考察了政府官员和监督机关二者之间的博弈，分析了纳什均衡条件下寻租活动的治理对策。

然而，政府与官员利益诉求一致性这一假定虽然能够简化模型，却也带来了对现实过度抽象的问题。

首先，政府的利益诉求与官员的利益诉求并非完全一致。例如，Zhu（1998）首先区分政府与政府官员，并排除了官员对企业最终产出具有生产性贡献的可能。政府能够拥有项目的剩余索取权，而政府官员是不拥有项目剩余索取权的。在这样的情况下，政府官员的自利倾向与政府的寻租行为可能存在不一致，政府官员更注重其政治动机的实现（Opper and Brehm，2007；陈德球等，2011）。政府官员的政治动机主要体现在政治锦标赛中取得晋升优势（Lazear and Rosen，1981；周黎安，2007）。这一结论已经得到广泛支持。例如，在同时考虑了政治激励与财政分权之后，王贤彬和徐现祥（2009）发现，中央强调经济增长与财政收入增加的考核导向使得地方财政支出过度偏向基础设施建设而导致公共品支出不足，同时抑制了其中的官员私人消费支出。以区域引资政策为例，彭纪生等（2011）揭示了地方官员利用政策竞争促进区域经济的快速增长来为自己在政治锦标赛中的获胜增加砝码。张莉等（2011）以及刘佳等（2012）均发现，在地方政府官员晋升以 GDP 为主要考核指标的激励下，地方政府官员凭借土地出让来招商引资的动机以获得晋升优势。孙犇和宋艳伟（2012）的研究表明，我国的粗放式增长方式与信贷资源的低效率利用之间通过分权体制下的地方政府官员晋升行为联系到一起。

其次，官员的利益诉求并非完全经济理性。即使是考虑政府与政府官员利益不一致的文献，也仅是单一强调"经济利益"的不一致。然而，政府官员是嵌在广泛社会关系中的"社会人"(Granovetter，1985)。政府官员除了具有基于经济利益或个人晋升的政治动机，还可能具有更多的社会动机。例如，基于对不同层级政府官员的考察，王红领（2000）的案例研究发现，"政府化"的委托人（如市委书记）与"非政府化"的委托人（如乡镇政府官员）更具有实现政府非经济目标（如分配公平等）的社会动机。在充分综述政府官员政治锦标赛文献的基础上，刘剑雄（2008）认为，除了经济绩效，政府官员的利益诉求还应包括"政治忠诚"和"辖区民意"两个维度。

更进一步，本书认为以往研究都采取了自上而下的研究视角，将政府官员的利益诉求置于政府考核的体系中，从而严重忽略了政府官员同时作为"经济人"和"社会人"的主观能动意愿和行为能力。政府官员不仅追求经济绩效、政治忠诚以及辖区民意等考核指标所带来的政治收益，而且也会追求个人抱负、理想与价值的实现。本书的这一论点，在理论上融合了"经济人"和"社会人"的基本假定，其动机具有多样性，与影响人"有限理性"的内在个体因素相吻合，同时在现实上既符合中国传统仕族"治天下"的传承，又与中央科学发展观尤其是"德、能、勤、绩"新考核标准暗相契合。在这一论点的基础上，本书提出，政府官员在 PPP 项目中既可能考虑其经济诉求的实现，又需要考虑其社会诉求的满足。然而，由于经济利益诉求与社会利益诉求存在着矛盾之处（洪远朋等，2006；江小涓，2004；许章润，2008）。同时，追求两种具有矛盾对立目标的决策者（政府官员）便产生了主体决策的矛盾性（ambivalence）（Piderit，2000；Plambeck and Weber，2009 & 2010）。

对于企业而言，政府官员的决策矛盾性带来的后果往往是负面的（Conner and Sparks，2002）。研究表明，决策矛盾性往往能够带来负面情感影响（Has et al.，1992），失去平衡以及对战略问题失去控制（Harrist，2006），信心下降（Jonas et al.，1997），从而造成不确定性感知。为了减少矛盾性所带来的决策困难，政府官员将努力获得更多的信息（Piderit，2000），实施更多更广的信息搜索（Fong，2006；Plambeck and Weber，2009），以及对信息进行更加系统的处理和分析（Maio et al.，2001；March et al.，1976）。例如，江晓东等（2013）发现，当有关功能性食品健康声称的有效性存在相互冲突的信息时，消费者的信息搜索倾向更强。然而，努力搜索和系统信息处理可能会是政府官员接触战略问题的更多矛盾之处（Plambeck and Weber，2010），从而迫使他们进一步运用不同的视角和框架对战略问题进行决策。因此，更努力的搜索和更系统的信息处理最终导致更高水平的决策矛盾性。如上所述，Rudolph 和 Popp（2007）研究发现，当决策主体面临更多的信息以及更高的认知需求时，他们更加可能面临决策矛盾性，决策的有限理性更加突出。结合本书的研究情境，本书认为，面临高的决策矛盾性的政府官员更可能给企业带来高的项目风险性。例如，政府官员可能会更频繁地与私营企业进行沟通，以确保私营企业在项目实施中不对辖区的社会利益进行破坏，对私营企业的进入施加更多的控制，要求私营企业提供更多的行动以证明其可靠性，在合同中添加更多的例外条款，延期投产或提前收回项目，甚至终止合同。

5.2.2　政府官员背景特征与企业风险性

由于二手数据的局限以及一手数据获取的困难，不能直接测量政府官员在 PPP 项目中的决策矛盾性。参照以往对政府官员的研究（顾元媛和沈坤荣，2013），本书认为政府官员对 PPP 项目的价值取向和个人偏好与其个人经历密切相关。因此，采用政府官员的背景特征来代理测量政府官员的决策矛盾性。主要集中于以下三类政府官员的背景特征，这些背景特征都可能导致高水平的主体决策矛盾性。

首先，政府官员的年龄与其任期的匹配关系。我们认为，年龄越大且其当期职位任期较短有上升可能的政府官员更可能增加企业在 PPP 项目中的风险性。①中国的政府官员升迁体制决定了其任期时间往往是连续的，因此，在某一职位的官员往往会为晋升而努力。这样一来，政府官员的任期长短会显著地影响其决策行为。张军和高远（2007）的研究发现，如果官员在某一职位任职时间过长，或因年龄限制而无法晋升，就会改变目标函数和决策方式，弱化其激励水平。基于以上研究结论，我们有理由相信任期不同的政府官员会在与企业进行 PPP 项目的合作时表现出不同的决策行为特征。越是有升迁可能的政府官员，越有可能采取比较冒风险而有较大收益的 PPP 项目。②年龄越大的官员，对其职业安全看得越重，因此越倾向于在其决策中采取保守的策略。例如，Vroom 和 Pahl（1971）很早就系统地研究了领导者的年龄与其决策风险态度之间的关系。他们发现年龄越大，领导者对冒险行为的价值评价越低，并且越不倾向于冒险。因此，年龄越大的政府官员越不可能支持具有风险性的项目，并且在项目评估等各个方面会施加更加严格的考察，从而更加关心项目对辖区整体社会利益的影响。以往的研究仅仅是考虑任期或年龄，而没有将两者结合起来考虑。这样的做法忽视了政府官员是两种特性的结合体，其决策必然是两种特征综合的结果。因此，本书对政府官员的这两个背景特征综合起来构建一个指标：年龄与任期匹配。年龄较大但仍有潜在的上升机会的官员，会因为正负两种力量同样强劲更可能具有高水平的决策矛盾性，从而较大可能给私营企业带来项目风险性。

其次，政府官员的任职来源。PPP 项目的实施与项目所在地的辖区社会福利息息相关。因此，PPP 项目中的核心政府官员的籍贯是否来源于项目所在地（如市级籍贯），对其决策的矛盾性有重要影响。例如，张平等（2012）研究发现，中央官员通过提高其籍贯来源地的投资率对其籍贯来源省区的经济增长有显著的促进作用，对经济增长速度较慢地区的影响更为明显，来源于项目所在地的政府官员对项目所在辖区具有更强的社会责任意识。正如费孝通（2006）指出的那样，中国传统的士大夫进入政府做官的同时，会作为其家乡的代表而发挥作用。如果政府官员不是来源于项目所在地，因为辖区经济增长绩效与政治晋升的正相关关系（王贤彬等，2011），政府官员越有可能不顾当地的社会福利而推进项目实施以实现经济利益。因此，来源于项目所在地的政府官员越有可能在其决策过程中考虑"辖区民意"，从而导致较高水平的决策矛盾性，进而增加私营企业的项目风险性。

最后，政府官员的教育背景。PPP 项目中的核心政府官员所受教育与项目涉及的知识越相关，其对项目所涉及的正面及负面评价信息获得的越丰富，进而导致其越有可能面临高水平的决策矛盾性。例如，如果一项污水处理的 PPP 项目中的核心政府官员所受教育与环保密切相关，那么此政府官员出于对污水处理流程和技术的认知，越有可能增加对私营企业污水处理能力与实施过程的严格要求与审核。另外，政府官员所受教育越与环保相关，其对辖区环境保护的责任和情感越强，进而导致更高的决策矛盾性，增加私营企业的项目风险。

由此，基于以上分析，提出如下三个假设：

假设 5.1　如果 PPP 项目中的核心政府官员其年龄—任期匹配度越低，则企业面临的项目风险性越大；

假设 5.2　如果 PPP 项目中的核心政府官员来源于项目所在地，则企业面临的项目风险性越大；

假设 5.3　如果 PPP 项目中的核心政府官员所受教育与项目相关，则企业面临的项目风险性越大。

5.3　基于社会嵌入情境下的 PPP 项目政企互动

人类的经济活动都是嵌在一定的社会网络与社会关系中的（Granovetter，1985）。以往关于 PPP 项目的研究大多只局限于政府—企业这一双边关系。然而，PPP 项目更多的是涉及政府、私营企业和公众三方（李启明等，2010），更为重要的是，政府官员、私营企业与公众之间是相互联系的。本节将首先介绍扰动因素的概念，然后从社会嵌入的视角出发深入研究政府、私营企业和公众之间的联系对 5.2 节中主效应的调节作用。

5.3.1 扰动因素的概念及其检验程序

在这部分，我们将详细讨论 PPP 项目风险扰动因素。在一定的条件下，我们可观测到的自变量与结果变量之间关系的强弱会发生变化，这些能够使目标关系发生强弱变化的因素称之为调节变量。调节变量可以是定性的（如性别、民族、受教育类型等），也可以是定量的（如年龄、受教育程度等），它影响因变量和自变量之间关系的方向（正或负）和强弱。变量之间的关系可表示成式（5-1）：

$$Y = f(X, M) + e \tag{5-1}$$

式（5-1）表示 Y 与 X 的关系受到 M 的影响。在做调节效应分析时，通常要将自变量和调节变量做中心化变换（即变量减去其均值）。假设 Y 与 X 有如下关系：

$$Y = aX + bM + cXM + e \tag{5-2}$$

可以把式（5-2）重新写成

$$Y = bM + (a + cM)X + e$$

Y 与 X 的关系由回归系数 a+cM 来刻画，它是 M 的线性函数，c 衡量了调节效应（moderating effect）的大小。

联系到本章最初的假设改写成式（5-3）：

$$企业风险性 = a_i \times 官员背景特征 + b_i \times 调节变量 + c_i \times 官员背景特征 \times 调节变量 + e_i \tag{5-3}$$

式（5-3）是用来验证假设。它们代表了 PPP 项目风险扰动因素的三个维度，对官员背景特征三个维度到企业风险性四个维度作用的调节效应检验。参照侯杰泰等（2004）的研究，调节效应的分析一般分两大类进行讨论。一类是所涉及的变量（因变量、自变量和调节变量）都是可以直接观测的显变量（observable variable），另一类是所涉及的变量中至少有一个是潜变量（latent variable）。因为本章主要利用二手数据，研究变量都是显变量。显变量的调节效应分析方法见表 5-1。

表 5-1　调节效应检验类别程序

调节变量	自变量	
	类别变量	连续变量
类别变量	两因素有交互效应的方差分析（ANOVA）交互效应即调节效应	分组回归：按 M 的取值分组，做 Y 对 X 的回归，若回归系数的差异显著，则调节效应显著
连续变量	自变量使用虚拟变量，将自变量和调节变量中心化，做 $Y = aX + bM + cXM + e$ 的层次回归分析： ①做 Y 对 X 和 M 的回归，得测定系数 R_1^2； ②做 Y 对 X，M，XM 的回归得 R_2^2，若 R_2^2 显著高于 R_1^2，则调节效应显著，或者做 XM 的回归系数检验，若显著，则调节效应显著	将自变量和调节变量中心化，做 $Y = aX + bM + cXM + e$ 的层次回归分析（同左）。 除了考虑交互项 XM 外，还可以考虑高阶交互效应项（如 XM^2，表示非线性调节效应；MX^2，表示曲线回归的调节）

表中的自变量都是类别变量，而调节变量都是连续变量，因此我们将采用表 5-1 中类别变量—连续变量的检验程序对假设进行检验。

5.3.2　基于政企关系的扰动因素

政企关系指的是私营企业高层管理人员与政府官员之间的私人关系（Peng and Luo，2000）。以往的研究表明，企业的政治联系能够帮助企业获取关键性外部资源（Hillman and Hitt，1999；Rindfleisch and Moorman，2001），降低交易成本（Standifird and Marshall，2000），加强合作伙伴之间的信任（Boisot and Child，1996），并提供得到来自政府的强有力的制度支持（Rao et al.，2008）。尤其在中国这样的转型经济体中，正式的制度比较薄弱而非正式的制度安排具有强烈的作用力（Child and Tse，2001；Peng and Health，1996；Tsui et al.，2004）。余明桂等（2010）的研究表明，与地方政府建立政治联系的民营企业能够获得更多的财政补贴。而且，在制度环境越差的地区越强。类似地，胡旭阳（2006）、罗党论和甄丽明（2008）都发现有政治关系的民营企业其在进行外部融资时所受的融资约束更少；同时，在金融发展水平越低的地区，民营企业的政治关系对其融资的帮助越明显。

借鉴上述研究，本书认为政企关系越强，私营企业越可能利用其政治联系对 PPP 项目中的核心政府官员进行游说，从而减弱官员背景特征与企业风险性之间的关系。需要指出的是，政企关系运用并不能事前降低核心政府官员的决策矛盾性，而是通过干预核心政府官员的决策矛盾性转变为其决策中对风险的态度，进而影响其行为不确定性的过程（Piderit，2000）来实现其效应。另外，私营企业的政企关系越强，私营企业越可能早地预知到项目中核心政府官员的态度，越可能充分而准确地判断核心政府官员价值取向，从而越有针对性地游说该政府官员。因此假设：

假设 5.4 PPP 项目私营企业的政企关系越强，核心政府官员的年龄—任期匹配度与企业项目风险性之间的联系越弱；

假设 5.5 PPP 项目私营企业的政企关系越强，核心政府官员的籍贯与企业项目风险性之间的联系越弱；

假设 5.6 PPP 项目私营企业的政企关系越强，核心政府官员的所受教育与企业项目风险性之间的联系越弱。

5.3.3　基于官员晋升锦标赛的扰动因素

主体决策的矛盾性取决于主体对于矛盾对立两面的竞争力量的综合衡量（Piderit，2000）。一旦其中一方的力量占据优势，主体决策的矛盾性便会削弱。在此，我们重点考虑政府官员竞争激烈化对主体决策矛盾性的影响，进而做出对 5.2 节中主效应的改变。

一个基本的假设是，区域内同一级别的政府官员越多，政治晋升锦标赛的竞争越激烈（Lazear and Rosen，1981）。根据 Festinger（1954）的研究，由于没有对 PPP 项目评价的客观标准，即针对项目的信息环境是模糊的以及非结构化的，一方面，政府官员较难判断项目中私营企业满足其社会利益诉求的能力，另一方面，核心政府官员更可能会通过其他同行官员的行为来判断其对项目应有的评价与决策。例如，当政治晋升锦标赛的竞争越激烈时，核心政府官员的外部搜索越有可能搜集到其他官员对 PPP 项目不加遴选的"上马"信息。外部信息的加入，使得核心政府官员感知到晋升所面临的强有力威胁，从而降低其对社会利益诉求的追求，导致决策矛盾性的下降。因此，政府官员竞争激烈化能够降低主体决策矛盾性，从而削弱核心政府官员的背景特征与企业项目风险性之间的关系。基于此提出以下假设：

假设 5.7　区域内同一级别的政府官员越多，PPP 项目核心政府官员的年龄—任期匹配度与企业项目风险性之间的联系越弱；

假设 5.8　区域内同一级别的政府官员越多，PPP 项目核心政府官员的籍贯与企业项目风险性之间的联系越弱；

假设 5.9　区域内同一级别的政府官员越多，PPP 项目核心政府官员的所受教育与企业项目风险性之间的联系越弱。

5.3.4　基于社会合法性的扰动因素

社会合法性强调的是 PPP 项目在社会公众视野中的合法性问题。公众的舆论监督与利益分享是 PPP 项目实施的重要内容（李启明等，2010；汪文雄，2008）。所谓合法性指的是项目在辖区内社会公众的接受程度，尽管公众对项目的偏好可能无法通过直接参与决策过程来实现，但却可以通过间接途径对决策过程产生影响。中国的干部选拔办法（如"群众公认"的原则）以及日益开放的公众"发声"渠道，使得官员任免必须考虑辖区民意，从而能够包含公众的偏好（王永钦等，2007）。然而，由于传统的思维模式存在着"印记"效应（Imprinting Effects），社会公众对私营企业进入公共基础设施领域仍存在较大担忧（Bhanji and Oxley，

2013)。这样一来，PPP 项目在公众舆论中便面临合法性的问题。

我们认为，PPP 项目的公众舆论压力将使得核心政府官员的决策矛盾性增强。一方面，政治晋升锦标赛的压力增强了经济利益的诉求，另一方面，对辖区民意的反对意见衡量又增强了对社会利益的考量（刘剑雄，2008）。项目的公众舆论压力越大，核心政府官员越有可能搜寻到辖区民意，并将此类民意纳入其决策考虑之中。例如，杨瑞龙等（2007）研究发现，人口年龄分布、居民教育水平、城市化进程的推进等因素，作为对公众环境偏好的代理变量，能够反映公众偏好的表达会对地方政府环境管制产生影响。综合两方面影响，公众舆论压力提高了核心政府官员决策的矛盾性，从而加强了政府官员背景特征与企业项目风险性的关系。因此提出以下假设：

假设 5.10 PPP 项目在辖区内的公众舆论压力越大，项目核心政府官员的年龄—任期匹配度与企业项目风险性之间的联系越强；

假设 5.11 PPP 项目在辖区内的公众舆论压力越大，项目核心政府官员的籍贯与企业项目风险性之间的联系越强；

假设 5.12 PPP 项目在辖区内的公众舆论压力越大，项目核心政府官员的所受教育与企业项目风险性之间的联系越强。

5.4 研究数据与研究方法

5.4.1 数据来源与数据搜集

本书研究对象主要是 PPP 项目中涉及的政府官员、私营企业以及公众舆论。因此，研究层次是针对于每个项目。为了收集 PPP 项目，以世界银行私营企业参与基建数据库为基础数据。该数据库收集了中国自 1984 年以来私营企业参与的基础设施项目，共计 1067 项。对这些项目的基本统计如表 5-2 所示。

表 5-2　世界银行私营企业参与基建数据库中国数据统计

所属行业部门	私营企业参与方式	私营企业参与方式子类	项目数
能源	特许权（Concession）	建造—修复—经营—移交 Build，Rehabilitate，Operate and Transfer	6
		修复—经营—移交 Rehabilitate，Operate and Transfer	41
	剥离（Divestiture）	全部（Full）	4
		部分（Partial）	49
	绿地模式	建造—经营—移交 Build，Operate and Transfer	312
		建造—拥有—移交 Build，Own and Operate	28
		商业模式（Merchant）	1
电信	剥离（Divestiture）	部分（Partial）	4
交通运输	特许权（Concession）	建造—修复—经营—移交 Build，Rehabilitate，Operate and Transfer	17
		修复—经营—移交 Rehabilitate，Operate and Transfer	53
	剥离（Divestiture）	全部（Full）	1
		部分（Partial）	36
	绿地模式	建造—经营—移交 Build，Operate，and Transfer	124
		商业模式（Merchant）	1
	管理和租赁合同	租赁合同（Lease Contract）	1
水和污水处理	特许权（Concession）	建造—修复—经营—移交 Build，Rehabilitate，Operate and Transfer	14
		修复—经营—移交 Rehabilitate，Operate and Transfer	104
	剥离（Divestiture）	全部（Full）	1
		部分（Partial）	10

所属行业部门	私营企业参与方式	私营企业参与方式子类	项目数
	绿地模式	建造—经营—移交 Build，Operate and Transfer	233
		建造—拥有—移交 Build，Own and Operate	8
	管理和租赁合同	租赁合同（Lease Contract）	5
		管理合同（Management Contract）	14

在世界银行数据库的基础上，结合本书研究目的建立了 PPP 项目数据库。具体步骤如下：

第一，对世界银行数据库中的项目做初步的数据"清理"工作。数据库中所涉及的中国项目必须具有比较完整的信息，以便跟踪。如果数据库项目的信息缺失，根据项目的名称等信息手工搜索补充其他信息。

第二，利用中国重要报纸数据库等方式，对 PPP 项目所涉及的核心政府官员（如项目签订时的主要负责领导）进行确认。

另外，本次研究对项目的新闻报道、政府记录以及法院信息公告和档案等进行跟踪，以便确认私营企业在项目中的风险性等特征指标。

第三，利用中国城市统计年鉴、各城市地方志、中国重要报纸数据库、政府门户网站以及私营企业网站，搜索了相应政府官员的简历及背景信息、私营企业政企关系特征、项目所在市级辖区内的公众对私营企业参与公共基础设施建设的态度。

第四，对前面三个步骤所涉及的项目进行汇总，如果能够得到关于项目的所有变量的有效信息，则保留该项目在数据库中。对于未能获得全部信息的项目则将项目从数据库中删除。经过以上四个步骤，最终获得了 218 项有充分信息的项目。

5.4.2　变量测量

5.4.2.1　PPP 项目企业风险性

项目中企业面临的风险性多种多样。本书主要关注的是在与政府进行项目合作过程中可能产生的风险。在借鉴以往文献的基础上（亓霞等，2009），对企业风险性从以下几个方面进行测量：额外严苛审核，增加合同条款，不履约行为，空头承诺，延期开工或投产，提前收回或终止合同。如果政府有上面的任一行为，则记为 1，累加的总得分为项目企业的风险性得分，范围在 0~6 之间。

5.4.2.2　PPP 项目政府官员背景特征

核心政府官员是指在项目中负主要责任的政府官员。本书对其背景特征的测量集中于以下三个方面：

第一，年龄—任期匹配度（A–T fit）。首先利用新华网查询到项目当年涉及官员的简历资料，将官员的实际年龄记录下来，然后利用人民网等网站采集政府官员的变更情况，测量出官员在当前位置上任职的实际年数。根据对 31 个省级党委书记、政府首长和国务院组成的省部级领导资料库的分析，初任正部级干部时的平均年龄分别为 53.6 岁、54.1 岁及54.4 岁。与他们在正厅级别岗位的时间相比，这三个群体从正厅级升迁到正部级的平均年限为 14.3 年。结合中国政府官员的升迁周期一般在 3~5 年，可以认为如果一名厅级政府官员的年龄是 50 岁，而其当年任期在3 年或以内，其年龄—任期的匹配度就较差。一方面，50 岁对厅级官员来说年龄较大，另一方面，由于其任期较短，存在着上升的可能。基于此本书构建了一个虚拟变量年龄—任期匹配度（A–T fit），如果核心政府官员的年龄是 50 岁及以上且其任期在 3 年及以内，则记为 1，否则为 0。

第二，同属辖区籍贯（Origin）。如果核心政府官员的籍贯与项目所在地归属的市级辖区相同，则记为 1，否则为 0。

第三，项目相关教育（Edu）。如果核心政府官员所受的大学教育、继续教育或研究生教育与涉及的项目相关则记为 1，否则为 0。由于本次的研究对象局限于能源、交通运输以及水和污水处理工程，政府官员的教育相关范围便可缩小至上述三种专业类型，使得研究结论更加可靠。

5.4.2.3 PPP 项目风险扰动因素

项目风险扰动因素，即本研究关注的调节变量，主要包括以下三个变量：

第一，政企关联（Ties）。参照以往对于政企关联的测量（张敏和黄继承，2009），利用企业网站披露的信息，如果企业的高层经理（如董事长、总经理）曾经担任政府官员以及曾经或现在是人大代表或政协委员，就将企业的政企关联记为 1，按照企业高层经理的人数进行累加，得到政企关联的得分数。

第二，政治晋升锦标赛竞争（Compet）。直接测量政府官员的竞争比较困难，因此利用项目当年与辖区项目核心政府官员同等级的官员的数目来代理测量晋升的竞争压力。

第三，公众舆论压力（Media）。为了测量公众舆论压力，利用辖区内报纸新闻报道对私营企业参与公共基础设施建设的评价来构建舆论压力指标。首先，参照以往对报纸新闻的研究（Pollock and Rindova，2003），将研究局限于项目开始前的 6 个月。其次，利用中国重要报纸数据库，收集了辖区内关于私营企业参与公共基础设施建设的所有新闻报道。本书共收集了 3231 篇新闻报道，基于这些新闻报道建立了文献数据库。然后，对每篇新闻报道进行仔细阅读，分析每篇新闻报道所用的语气是积极的、消极的或是中立的。根据对文章的总体评价，将文章分类为积极的、消极的或是中立的类别。评价者一致性水平为 87%。最后，利用 Janis-Fader 不平衡系数来衡量公众舆论压力（Deephouse，2000；Janis and Fader，1965）。具体公式如下：

$$\begin{cases} (n^2 - np)/(n+p)^2, \ n > p \\ (pn - p^2)/(p+n)^2, \ p > n, \ 其中, \ p \ 表示积极的文章数量, \ n \ 表示消极 \\ \qquad\qquad\qquad 的文章数量。 \\ 0, \ p = n \end{cases}$$

Janis–Fader 不平衡系数在 $-1 \sim 1$ 之间，数值越大，辖区内公众对私营企业参与公共基础设施建设越反对，公众舆论压力越大。

5.4.2.4　控制变量

控制变量是指与本书研究目标无关的非研究变量，即除了本书感兴趣的政府官员背景特征以及风险扰动因素等变量之外，还必须控制那些可能影响结果变量（企业风险性）的变量。借鉴以往的研究，主要控制以下变量：项目所属行业，因为数据所涵盖的项目包括能源工程、交通运输工程以及水和污水处理工程，因此设置两个虚拟变量 D_1（$1 =$ 能源工程，否则为 0）和 D_2（$1 =$ 交通运输工程，否则为 0）；项目参与方式，设置两个虚拟变量，D_3（$1 =$ 特许权，否则为 0）和 D_4（$1 =$ 管理和租赁合同以及剥离，否则为 0）。合同期，以项目的实际合同期限测量，年为单位；私营企业所占股份比例，以私营企业实际占股比例测量；项目总投资，以实际总投资数额计算；项目是否有外资参与，如果是，则设置虚拟变量 $D5$ 为 1，否则为 0。

5.4.3　模型回归方法

为了检验研究假设，利用定量回归分析方法。建立以下模型：

$$\begin{aligned} y = \ & \beta_0 + \beta_1 \times A - T \ fit + \beta_2 \times Origin + \beta_3 \times Edu \\ & + \beta_4 \times Ties + \beta_5 \times Compet + \beta_6 \times Media \\ & + \beta_7 \times A - T \ fit \times Ties + \beta_8 \times Origin \times Ties + \beta_9 \times Edu \times Ties \\ & + \beta_{10} \times A - T \ fit \times Compet + \beta_{11} \times Origin \times Compet + \beta_{12} \times Edu \times Compet \\ & + \beta_{13} \times A - T \ fit \times Media + \beta_{14} \times Origin \times Media + \beta_{15} \times Edu \times Media \\ & + \beta_i \times Controls + \varepsilon \end{aligned}$$

式中，y是企业风险性。由于企业风险性是一个不小于零的变量，其取值是左截断的（Left-Censored）。因此，普通的最小二乘法估计（OLS）对上述模型的回归可能是有偏的和不一致的。本章利用泊松回归模型来处理非正态性问题的异方差和残差。Wooldridge（1997）的 t 统计量表明，企业风险性的方差大于其有条件的平均值（v（x_i，β）> m（x_i，β）），说明偏大离差（Over Dispersion）的存在，因此拒绝泊松限制的条件。且由于企业风险性测量中大量的零值的存在会干扰负二项模型的估计，本章利用 ZINB（Zero-inflated Negative Binomial Regression Model）来估计（Greene，2000）。在 ZINB 模型中，首先估计一个 Logit 模型来预测企业的风险（利用私营企业股份所占比例以及总投资数额来估计），然后利用负二项模型来检验假设。模型的估计利用统计软件 Stata 12.0 来完成。按照如下步骤来检验调节效应：第一步，控制变量进入回归方程。因为并未对控制变量做出限制，所以将所有的控制变量都纳入回归方程中；第二步，对调节变量进行中心化处理（用变量的原始值减平均值），将自变量与处理后的调节变量进入回归方程；第三步，将自变量与处理后的调节变量相乘构建交互乘积项，进入回归方程估计。

5.5 研究结果与结论

5.5.1 描述性统计分析

本章用来检验假设的 218 个项目样本。时间跨度最早追溯到 2004 年，最近到 2012 年。在检验调节效应时需要用到各个变量的均值、标准差以及各个变量之间的相关系数，如表 5-3 所示。

表 5-3　描述性统计分析与相关系数表

	1	2	3	4	5	6	7	8	9	10	11	12	13	14	15
1. 能源工程	1														
2. 交通运输	-0.27**	1													
3. 特许权	-0.7	-0.5	1												
4. 合同剥离	-0.11	-0.08	-0.10	1											
5. 外资参与	-0.06	0.13*	0.20**	-0.08	1										
6. 合同期	0.09	0.34**	-0.04	-0.32**	0.19*	1									
7. 私营股份	-0.14*	-0.26**	-0.19**	0.05	-0.34**	-0.18*	1								
8. 总投资	-0.04	0.46**	-0.07	-0.06	0.00	0.02	-0.06	1							
9. 年龄—任期匹配	0.03	0.05	0.02	-0.11	-0.03	0.14*	-0.12	-0.05	1						
10. 项目地籍贯	-0.11	0.11	0.11	-0.06	0.10	0.01	-0.05	-0.05	0.08	1					
11. 所受教育	-0.06	0.13	0.03	0.02	0.11	0.16	-0.09	0.05	0.20**	0.11	1				
12. 政企关系	0.03	0.01	-0.11	-0.05	-0.20**	-0.08	0.05	0.07	-0.15*	-0.24**	-0.25**	1			
13. 晋升竞争	0.05	0.10	0.04	-0.05	-0.06	0.10	-0.05	0.07	-0.01	0.07	-0.16*	-0.08	1		
14. 舆论压力	-0.15*	0.01	-0.13	-0.00	-0.03	-0.04	0.12	-0.03	-0.14	0.15*	-0.02	-0.03	-0.08	1	
15. 项目风险	-0.02	0.13	0.01	-0.06	-0.03	0.12	-0.01	0.06	0.16*	0.34**	0.14*	0.13	0.03	0.24**	1
平均值	0.28	0.16	0.22	0.05	0.49	29.60	86.21	60.21	0.35	0.10	0.30	2.73	13.91	0.35	2.91
标准差	0.45	0.36	0.42	0.18	0.50	8.68	22.99	169.92	0.50	0.30	0.46	1.35	3.71	0.10	0.99

注：N=218；双尾检验；* 表示 $p<0.05$；** 表示 $p<0.01$。

5.5.2 计量回归结果

利用 ZINB 估计的结果如表 5-4 所示。

表 5-4 回归模型估计结果

预测变量	结果变量：企业风险性		
	M1	M2	M3
常数项	1.04 (0.10)***	0.86 (0.06)***	0.76 (0.10)***
控制变量			
能源工程	0.05 (0.07)	0.05 (0.06)	0.06 (0.05)
交通运输工程	0.16 (0.08)*	0.09 (0.07)	0.08 (0.07)
特许权	0.04 (0.07)	0.05 (0.06)	0.06 (0.05)
管理和租赁合同以及剥离	−0.15 (0.16)	−0.09 (0.11)	−0.07 (0.12)
外资参与	−0.11 (0.06)*	−0.10 (0.05)*	−0.10 (0.04)*
合同期	0.00 (0.00)	0.00 (0.00)	0.00 (0.00)
自变量			
年龄—任期匹配度		0.15 (0.06)*	0.16 (0.06)*
项目地籍贯		0.34 (0.07)***	0.10 (0.07)
所受教育项目相关		0.12 (0.06)*	0.12 (0.05)**
调节变量			
政企关系		0.08 (0.02)***	0.10 (0.03)***
晋升竞争		0.00 (0.01)	0.01 (0.01)
舆论压力		0.80 (0.26)**	0.34 (0.33)
交互乘积项			
年龄—任期匹配度 × 政企关系			−0.13 (0.06)**
项目地籍贯 × 政企关系			−0.17 (0.04)***
所受教育 × 政企关系			0.05 (0.03)
年龄—任期匹配度 × 晋升竞争			0.05 (0.06)
项目地籍贯 × 晋升竞争			0.00 (0.01)
所受教育 × 晋升竞争			−0.03 (0.01)*
年龄—任期匹配度 × 舆论压力			−0.33 (0.36)

预测变量	结果变量：企业风险性		
	M1	M2	M3
项目地籍贯 × 舆论压力			1.54（0.64）*
所受教育 × 舆论压力			0.74（0.38）*
Wald χ²	11.58*	123.58***	193.05
df	6	12	21
Log-likelihood	−247.38	−239.20	−237.38

注：样本量（N）为 218；汇报的是非标准化系数，括号内是标准差；+表示 p < 0.10，* 表示 p < 0.05，** 表示 p < 0.01，*** 表示 p < 0.001。

表 5-4 的模型 M2 检验主效应，模型 M3 检验调节效应。从表 5-4 可以看出，如果 PPP 项目的核心政府官员的年龄—任期匹配度低，私营企业会面临显著的项目风险性（回归系数 β=0.15，p<0.05），因此假设 5.1 得到了显著支持。核心政府官员的籍贯如果是和项目所在地的市级辖区相同，私营企业将面临较大的项目风险性（β=0.34，p<0.001），所以假设 5.2 得到了显著的支持。类似地，如果核心政府官员所受的教育是和当前项目相关，私营企业也将面临较大的项目风险性（β=0.12，p<0.05），假设 5.3 得到了支持性验证。

检验社会嵌入情境下的扰动因素的调节效应，如表 5-4 的 M3 所示。政企关系能够显著地调节核心政府官员年龄—任期匹配度（β=−0.13，p<0.01），以及籍贯来源地（β=−0.17，p<0.001）和企业项目风险性之间的关系，因此假设 5.4 和假设 5.5 得到了支持性验证。然而，政企关系并不能显著影响官员所受教育与企业风险性之间的关系（β=0.05，p>0.10），假设 5.6 被拒绝。根据表 5-4 的结果画出交互作用（见图 5-3）。从图 5-3 可以看出，当政企关系水平高时，年龄—任期匹配度高以及来源于项目地籍贯的官员更少可能给企业带来项目风险性。

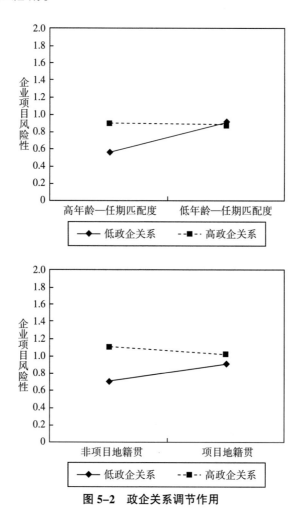

图 5-2 政企关系调节作用

关于晋升竞争压力的调节作用，研究发现政治锦标赛所带来的晋升压力只对官员所受教育和企业项目风险性之间的关系起作用（β=-0.03，p<0.05），所以假设 5.9 得到了支持性验证。然而，晋升竞争压力并不能显著影响官员年龄—任期匹配度（β=0.05，p>0.10）、其籍贯来源地（β=0.00，p>0.10）和企业项目风险性之间的关系，因此假设 5.7 和假设 5.8 被拒绝。根据表 5-4 的结果画出交互作用（见图 5-4）。从图 5-4 可以看出，当晋升竞争压力水平越高时，PPP 项目核心政府官员的所受教育与企业项目风险性之间的联系越弱。

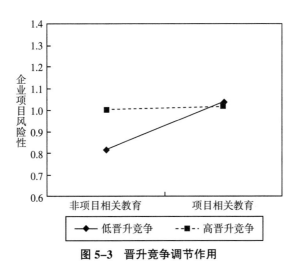

图 5-3　晋升竞争调节作用

公众舆论压力能够显著地调节核心政府官员籍贯来源地（β=-0.09，p<0.01）以及所受教育（β=-0.17，p<0.001）和企业项目风险性之间的关系，因此假设 5.11 和假设 5.12 得到了支持性验证。然而，公众舆论压力并不能显著影响官员年龄—任期匹配度与企业风险性之间的关系（β=-0.33，p>0.10），假设 5.10 被拒绝。根据表 5-4 的结果画出交互作用（见图 5-5）。从图 5-5 可以看出，当公众舆论压力水平越高时，来源于项目地市级辖区以及所受教育与项目相关的官员更可能给企业带来项目风险性。

5.5.3　结果与讨论

在世界银行私营企业参与公共基础设施建设数据库的基础上，建立了我国 PPP 项目的数据库，对假设的总体检验结果如表 5-5 所示。

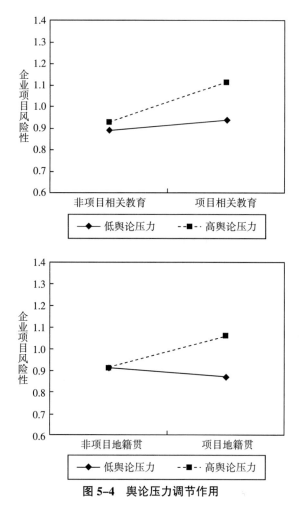

图 5-4 舆论压力调节作用

表 5-5 假设检验结果表

假设	结果
假设 5.1：如果 PPP 项目中的核心政府官员年龄—任期匹配度低，则企业面临的项目风险性越大	支持
假设 5.2：如果 PPP 项目中的核心政府官员来源于项目所在地市级同辖区，则企业面临的项目风险性越大	支持
假设 5.3：如果 PPP 项目中的核心政府官员所受教育与项目相关，则企业面临的项目风险性越大	支持
假设 5.4：PPP 项目私营企业的政企关系越强，核心政府官员年龄—任期匹配度与企业项目风险性之间联系越弱	支持

假设	结果
假设 5.5：PPP 项目私营企业的政企关系越强，核心政府官员的籍贯与企业项目风险性之间的联系越弱	支持
假设 5.6：PPP 项目私营企业的政企关系越强，核心政府官员的所受教育与企业项目风险性之间的联系越弱	拒绝
假设 5.7：区域内同一级别的政府官员越多，核心政府官员的年龄—任期匹配度与企业项目风险性之间联系越弱	拒绝
假设 5.8：区域内同一级别的政府官员越多，核心政府官员的籍贯与企业项目风险性之间的联系越弱	拒绝
假设 5.9：区域内同一级别的政府官员越多，核心政府官员的所受教育与企业项目风险性之间的联系越弱	支持
假设 5.10：辖区内的公众舆论压力越大，核心政府官员的年龄—任期匹配度与企业项目风险性之间联系越强	拒绝
假设 5.11：辖区内的公众舆论压力越大，核心政府官员的籍贯与企业项目风险性之间的联系越强	支持
假设 5.12：辖区内的公众舆论压力越大，核心政府官员的所受教育与企业项目风险性之间的联系越强	支持

　　基于主体决策矛盾性理论，本章利用政府官员的一些显性的可观测的背景特征对企业项目的风险性进行了研究。可以看出，大多数理论预测得到了支持，从而证明主体决策矛盾性在研究 PPP 项目中企业风险性的合理性和可行性。例如，核心政府官员的年龄—任期匹配度、籍贯来源地和所受教育和企业的项目风险性显著具有相关性。私营企业的政企关系、政治锦标赛的晋升竞争压力以及公众舆论压力等社会嵌入情境视角下的调节变量能够显著影响政府官员和私营企业在 PPP 项目中的互动。这些发现都和主体决策矛盾性的理论解释方向相一致。

　　然而，研究发现，有些背景特征并不能够符合我们理论的预期。例如晋升压力（假设 5.7）和公众舆论（假设 5.10）都不能够显著增加或减弱政府官员年龄—任期匹配度与企业项目风险性的相关性，说明官员年龄—任期匹配度与企业风险性之间的关系主要受政企关系的干扰，而不受官员之间政治锦标赛以及辖区民意的影响。另外，PPP 项目私营企业的政企关系并不能显著影响核心政府官员所受教育与企业项目风险性之间的联系。晋升竞争并不能改变核心政府官员的籍贯与企业项目风险性之间的联系，说明同是来源于项目所在地市级辖区的核心政府官员更多地考虑辖区的社会福利，而不受政治锦标赛晋升竞争的影响。

  造成这一结果可能的原因：政治锦标赛可能带来两种效果，一种效果是如前所述的，核心官员会对因为急于从群体竞争中脱颖而出增加其决策的风险性。本章并没有讨论另一种可能性，就是政治锦标赛的增强会显著提高官员群体对彼此的监督。因此，核心官员的决策中必须考虑其他官员对其行为可能的反应。如果竞争趋于激烈，那么核心官员的风险行为会因为监督而趋于减少。因此，两种作用机制都可能对核心官员的决策及其行为产生影响，从而导致我们不能观察到政治锦标赛对官员年龄—任期匹配度与企业风险性之间的关系的调节作用。这一逻辑同样适用于没有得到支持性验证的假设 5.8，未来的研究需要在验证两种机制上做出有意义的尝试和探索。辖区民意的不显著结果可能说明了在当前背景下，官员年龄—任期匹配度与企业风险性之间的关系太强，以至于辖区民意根本不能显著影响两者之间的关系。此外，政府官员的教育背景如果与项目相关，那么私营企业的政企关系较难对官员产生游说等影响，从而较难降低其项目风险性。

5.6 本章小结

  本章从 PPP 项目中私营企业的视角出发，将政府与政府官员对企业项目风险性的影响区分开，综合影响主体决策的个体特征和外部环境两大因素，研究了项目核心政府官员可能施加于企业的项目风险，为 PPP 项目的研究做出了有益的新尝试，主要贡献如下：

（1）将主体决策矛盾性这一行为决策理论和社会心理学领域的概念引入到项目中政府和企业之间的互动研究，并且利用核心政府官员可观测的背景特征来预测其可能的主体决策矛盾性，从而建立起官员背景特征与企业项目风险性之间的关系，为后续的 PPP 项目企业风险研究奠定了理论基础。

（2）将政府与企业互动这一双边关系置于更广阔的社会情境中，利用社会嵌入理论，揭示了政企关系、官员晋升竞争及公众舆论压力等情景因素对政企互动的影响，开辟了 PPP 项目研究的新视角。

（3）利用二手数据、文本资料等建立专有数据库，使用计量经济学等研究方法探索 PPP 项目中各方的互动，是对传统博弈模型等研究方法的有益补充，为今后的研究提供了方法论上的借鉴。

本章的研究进一步证实了实际情景中有限理性的存在及其对个体决策的影响。同时，揭示了外部环境对个体动机、目标等因素的作用机制，为深入揭示个体决策过程提供了依据。

第6章 PPP项目政府主体特征对项目不稳定性的影响

为对上一章研究内容进一步深化，本章以政府官员个人特征为切入点，结合不同地级市环境因素如廉政程度和不确定性规避文化，探究政府官员背景特征对PPP项目稳定性的影响，以及廉政程度和不确定性规避程度对二者作用关系的调节效应。

6.1 引言

如前所述，PPP项目是公私合营的工程项目，由众多参与方组成的合作体也具有混合组织的特性。除受到外界宏观环境诸如政策经济的波动影响之外，混合组织主体的多元性直接带来目标追求的差异性，主体由于目标不同所带来的冲突往往会使得混合组织更为不稳定（Moe，2001）。在上一章中，我们通过实证检验发现，PPP模式的不稳定性会受到政府官员背景特征的影响。在这一章中，我们将这一问题置于我国当前情景下进行进一步的研究。PPP项目虽然在西方发达国家已然有了较为成熟的发展经验，但在中国的环境背景下，中国与西方国家不同的文化及制度差异是否会对PPP项目的进程产生一定的影响？并且，中国地域辽阔，不同地区的区域禀赋及环境特点差异性显著，这些特征是否也会影响 PPP 项目的不稳定性？

基于上述研究背景，本章除进一步探讨政府官员哪些个体特征会对 PPP 项目产生人为风险外，还将研究中国不同省市之间环境的异质性对 PPP 项目的稳定性有什么影响？抑或区域环境对政府官员个人特征对 PPP 项目的稳定性的关系产生何种影响？逻辑框架如图 6-1 所示。

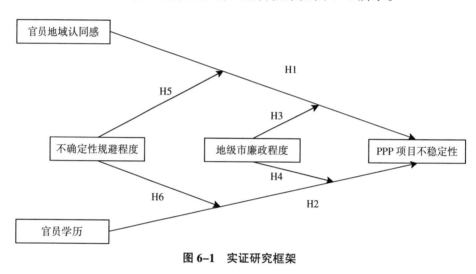

图 6-1　实证研究框架

6.2　理论基础与研究假设

6.2.1　官员地域认同感与 PPP 项目不稳定性的关系

在上一章中，我们讨论了官员籍贯和参与 PPP 项目的社会资本面临的风险间的关系。本章延续这一逻辑，继续研究官员地域认同感对 PPP 项目可能产生的影响。基于 Tajfel 和 Turner（1979）的社会认同理论可得，社会认同可表现为内团体偏好和外团体偏见，并且个体会通过采取相应的行为来维持社会认同、降低自身不确定性以获取自尊。近年来，国内外学者均对这一概念做了研究，李书娟和徐现祥（2016）的研究证明，官员基于籍贯的"身份认同感"会显著促进家乡经济增长，检验了"社会认同理论"。张平等（2012）以中央部委官员为研究对象的研究也得到了相似的结论，官员的地域认同感会使得籍贯所在地的经济增长，并且获取更多来自上级的财政转移支付。Hodler 和 Paul（2014）研究发现，国家领导人对其出生地存在"地区偏爱"，主要表现为国家领导人出生地的夜间灯光亮度更高。因此，可见官员的地域认同感是普遍存在的，并且这一地域认同感可以对当地的发展起到显著的正面作用。

本书认为，由于中国人对于村属、籍贯和地域的情感来源于以"村庄"为单位的历史群居及交流习惯（解志苹和吴开松，2009），这种习惯历史悠久，并且相比较对于国家认同和民族认同，由于同一区域的和生活习惯能够更直接地影响人们的生活，因此中国人对于"同乡会"的地缘意识会尤为强烈，对于同乡和家乡有强亲近感和偏爱（李书娟和徐现祥，2016）。当官员的籍贯和 PPP 项目所在地位于同一个省时，其形成了强烈地域认同感，这种由地域认同感产生的社会认同会使得官员产生内群体偏好，并对 PPP 项目给予更高的重视感，在 PPP 项目的各个阶段给予更多的关注和相应的帮扶保护措施，从而使得该 PPP 项目更趋于稳定。因此，提出如下假设：

假设 6.1　在 PPP 项目中，在其他条件相同的情况下，核心官员的地域认同感越低，PPP 项目不稳定性越高。

6.2.2　官员学历与 PPP 项目不稳定性的关系

根据 Hambrick 和 Manson 的高阶理论，高层管理者的决策会受到其认知模式和意识形态的影响，而人口统计学中的相关指标，如年龄、任期、职业背景、教育程度、性别等（陈传明和孙俊华，2008），以其易操作性和易理解性的特质成为衡量管理者的认知和意识的测量标准。高阶理论作为当代高层管理团队与企业战略研究的重要部分，近年来对于其的研究层出不穷，主要从高管的年龄、受教育水平、任期、专业背景等维度，关注高层管理者对于组织的绩效的影响（孙海法和伍晓奕，2003；徐细雄等，2007；Finkelstein and Hambrick，1996）。进一步地，地级市市长作为地级市政府组织的高层管理者，其背景特征会影响其最终认知形成的过程，进一步影响政府决策的制定及组织绩效。其中，不少国内外学者也做了基于地方政府官员特质对于官员行为和政府决策和经济水平的研究。研究发现，官员的教育专业背景、工作经历会显著影响政府的公关债务水平（Mikosch and Somogyi，2009；Moessinger，2012）。Alesina 等（2015）认为，地方官员的年龄会显著影响政府财政支出和转移支付水平。国内学者顾元媛和沈坤荣（2012）的研究表明，官员的年龄、是否有企业家背景和官员学历会显著影响政府方对于创新活动的重视程度。张尔升（2012）认为，官员的专业背景对地方经济增长的影响不同。杨海生（2010）研究发现，地方官员的受教育程度对地方经济增长有正向影响。

基于高阶理论的提出和上述对政府官员行为的研究特别是学者杨海生的研究结论，本书认为，官员的学历会对 PPP 项目的不稳定性产生显著影响。斯宾塞著名的"劳动力市场模型"理论认为，劳动力市场中雇主与求职者双方存在典型的信息不对称现象，这时高素质高能力者会向潜在的雇主释放高学历信号以避免劳动力市场的逆向选择问题，即高学历者更有可能是高能力者（梁菲和陈丽珍，2007）。所以基于"劳动力市场模型"，本书认为，学历在一定程度上可以反映个体的能力与素质，当官员的学历越高，其知识储备丰富，学习能力越强，无论是对于 PPP 项目的运行规律抑或管理实践的了解程度较高，可以高效优质地将理论与实践相结合。另外，近年来中央政府对于 PPP 模式的实践日益重视，有针对性地多次制定统领性政策方针，学历越高的官员更易快速掌握政策动向与实施重点，明确未来的工作重点与动向，进而，该官员负责的 PPP 项目呈现出更稳定的特点。因此，本章提出以下假设：

假设 6.2　在 PPP 项目中，在其他条件相同的情况下，核心官员的学历越低，PPP 项目不稳定性越高。

6.2.3　地级市廉政程度的调节作用

除官员个人认知特征以外，制度环境因素对于 PPP 项目稳定性也有一定的影响。廉政行为作为政商关系中的重要研究课题，当地政府的廉政程度也能够反映当地营商环境以及制度的效率。Leff（1964）实证研究指出，腐败会抑制私人投资，减少财政税收，使得公共支出转移到非生产性领域投资（Mauro，1995；Cartier-Bresson，2000；Goel and Nelson，2010）。因此，公私合作的 PPP 模式运行也会受到当地制度环境制约。中国这一问题更为特殊一些，不同于其他发展中国家的是，有学者发现，经济发展与廉政程度可能存在负相关（Dong and Torgler，2013）。如果我们把 PPP 模式放在中国的语境下，在中国城市还没有完全市场化的情况下，那么就需要把政府廉政行为考虑在内，衡量政府廉政程度给予了我们把制度因素纳入 PPP 模式稳定性的研究中。

人是一切社会关系的总和，人是社会的人。基于社会认同理论，当个体在群体中得到认同，这一群体身份的认同感即会激发他/她对该群体的特殊情感，从而产生积极行为维系其与群体之间的关系。个体不会仅归属于某一群体，在同一时间点上，个体可能同时归属于不同的群体。"差序格局理论"认为，人们会以个体为中心，依据不同群体的长期性、互动性和可替代性排列出重要程度由高到低的群体圈（费孝通，1985）。除亲属关系形成的亲缘群的重要性不言而喻以外，以工作关系为纽带的

"业缘群"和以地理位置为纽带的"地缘群"均属于个体的重要群体。当今社会，由于社会分工和商品经济的迅速发展，职业成为个体生活中极为重要的一部分，个体的职业相对而言是较为长期的，并且可替代性较低，与个体的互动关系密切，因此"业缘群"因其长期性、不可替代性和高互动性，在群体圈中的重要性日益凸显。

最新研究指出，地级市领导班子的稳定程度有助于当地的经济发展，特别是这种稳定程度为企业提供了可预期的行贿成本，从而增强了企业家的投资信心（Zhu and Dong，2017）。所以，当地级市廉政程度越低时，该地级市的政商关系则越密切，政商互动关系所形成的"业缘群"关系紧密，因此"业缘群"的重要性上升。当官员处于这种重要性日益上升的"业缘群"中，基于社会认同理论，人们会采取相应行为从而获得不同群体的认同以增加自尊。他会通过维护私有企业的利益给予 PPP 项目足够的重视与了解。此时，当政府官员具有高地域认同感时，该官员同时处于密切的"业缘群"和"地缘群"中，因地域认同感所产生的对于 PPP 项目的重视感会被进一步放大，因此 PPP 项目的不稳定性会进一步降低。即在 PPP 项目中，地级市廉政程度越低，负责官员地域认同感和 PPP 项目不稳定性之间的负向关系越强。因此，基于以上理论，本书提出如下假设：

假设 6.3 地级市廉政程度对官员地域认同感和 PPP 项目不稳定性之间的关系起调节作用，地级市廉政程度越低，核心官员地域认同感和 PPP 项目不稳定性之间的负向关系越强。

"嵌入性"理论的提出基于社会人假设，是新经济社会学研究中的一个核心理论。在"嵌入性"理论不断发展的过程中，形成了四种不同的框架，Granovetter 的关系嵌入性和结构嵌入性框架；Zukin 和 Dimaggio 的结构嵌入性 、认知嵌入性、文化嵌入性和政治嵌入性框架；Andersson 等的业务嵌入性与技术嵌入性分析框架（兰建平和苗文斌，2009）。其中，以 Granovetter 的关系嵌入性和结构嵌入性框架最为著名。关系嵌入性的视角是基于社会交换理论，以互惠的双向关系作为切入点，并且关系嵌入性会显著影响群体的行动。Peter Evans 的"嵌入型自主理论"是在 Granovetter 的理论基础上得以提出的，Peter Evans 通过研究发现，在发展中国家，当官员处于高嵌入性的政商关系中，如果其具有高自主性，能够自主制定政策和行动，则经济发展效率会得以提高（Evans，1995）。因此，当地级市廉政程度越低时，该地级市的政商关系越密切，此时官员处于高嵌入性的政商关系中。根据嵌入型自主理论，在高嵌入性的政商关系中，当负责 PPP 项目的官员学历越高时，基于他对 PPP 项目具有高管理能力及认知能力和他的行政职务，该官员有能力并且有条件自主制定与 PPP 项目执行有关的决策方针，PPP 项目的稳定性会得到进一步提高。因此。在 PPP 项目中，地级市廉政程度越低，负责官员学历和 PPP 项目不稳定性之间的负向关系越强。因此，基于以上理论，本书提出如下假设：

假设 6.4　地级市廉政程度对官员学历和 PPP 项目不稳定性之间的关系起调节作用，地级市廉政程度越低，核心官员的学历和 PPP 项目不稳定性之间的负向关系越强。

6.2.4　不确定性规避程度的调节作用

文化，作为一个非常泛化的概念，凝聚着人类生产和生活过程中的一切精神现象，包括价值观、规则、语言等无形创造物以及各种有形的创造物，如建筑和书画等。也正因为文化包罗万象，一直以来，哲学家、社会学家、人类学家和历史学家试图从各自学科角度给出两百多个的定义难以得到公众的认同。我们常说，中国是个拥有五千年"文化"的文明古国，中国著名文化学者余秋雨说："文化是一种精神价值与生活方式，通过积累和引导创建集体人格。"著名的"社会人"假设也告诉我们，除物质条件外，社会因素如制度环境和文化因素都能影响个体的行为，可见文化的影响力深植于人们心中，并通过精神影响人的心理、引导人的行为（Hofstede，2001）。而纵观以往对于文化的研究，文化一直以来是人们忽略研究中国官员行为的因素。因此，本章将文化的其中一个维度——不确定性规避程度纳入官员背景特征与 PPP 项目不稳定性关系的考量之中。

霍夫斯泰德将文化分为四个维度，分别为权利距离维度、不确定性规避维度、个人主义/集体主义维度、男性化/女性化维度。其中，不确定性规避是指社会在模糊情境中感受到威胁的程度（刘追和郑倩，2016）。国内外已有众多学者对文化的不确定性规避维度对个体的影响作用做了广泛研究。刘文兴等（2012）认为，在高不确定性规避的情况下，人们更倾向于风险规避。Shane（1995）认为，不确定性规避程度越低，个体的创新绩效越好。Ramireza 和 Tadesse（2009）发现，在高度避免不确定性的国家，个体会持有更多现金股。因此，根据"社会人假设"和以往国内外学者研究特别是刘文兴等的研究，我们认为，不确定性规避文化会影响官员的决策。具体表现为，由于在不确定性规避程度较高的文化中，人们会倾向于风险规避，多方位征询有关意见后再做出决策，并且由于宏观环境对于风险的整体忍耐程度较低，地方官员在面临不确定性因素时不易产生冒险冲动行为，相反，他们会倾向于做出保守决策。因此，地方官员在面临 PPP 项目未来发展"迷雾"环境下，当宏观环境对于不确定性的规避程度越高，地方官员越不易把 PPP 项目暴露于风险之下，从而使得 PPP 项目获得更多的稳定性。

基于以上推导过程，本书提出如下假设：

假设 6.5 不确定性规避程度对官员地域认同感和 PPP 项目不稳定性之间的关系起调节作用，不确定性规避程度越高，核心官员地域认同感和 PPP 项目不稳定性之间的负向关系越强。

假设 6.6　不确定性规避程度对官员学历和 PPP 项目不稳定性之间的关系起调节作用，不确定性规避程度越高，核心官员学历和 PPP 项目不稳定性之间的负向关系越强。

6.3　研究设计

6.3.1　研究变量设计

本书主要选取以下几个研究变量，分别为自变量官员学历、官员地域认同感；因变量 PPP 项目不稳定性；调节变量地级市廉政程度和不确定性规避程度。为了使研究结果更加准确，进一步确定如下控制变量：PPP 类型、官员年龄、地级市国内生产总值 GDP、官员任期。

6.3.1.1　自变量

（1）官员学历。官员学历记为 ED，来源于相关官员数据库，通过观察得到官员学历的大致分布，主要分为四个等级，分别为大专及以下学历、本科学历、硕士研究生学历和博士研究生学历。我们对官员学历进行编码，大专及以下学历编码为 1，本科学历编码为 2，硕士研究生学历编码为 3，博士研究生学历编码为 4。

（2）官员地域认同感。地域认同认为 DR，是一种社会性的归属感（韩震，2010），虽然如今随着全球化进程的逐步加快，人们对于地域的心理边界界定越发模糊，但是中国人一直有"籍贯观念"，这种对于籍贯的强调构成了地域认同感产生的主因（解志苹和吴开松，2009）。因此在本研究中，若官员的籍贯所在省份与项目所在地省份相同，则我们认为此时官员产生强地域认同感，将变量官员地域认同感记为"1"，若官员的籍贯所在省份与项目所在地省份不同，则我们认为此时官员难以产生地域认同感，此时将变量官员地域认同感记为"0"。

6.3.1.2 因变量

本章以 PPP 项目不稳定性，记为 US 作为因变量，PPP 项目不稳定是指 PPP 项目在项目识别、项目准备、项目采购、项目执行和项目移交这 5 个阶段中任一阶段出现负面问题。PPP 运营状态主要通过财政部政府和社会合作中心官网及网页新闻搜索得到。若项目出现问题，则认为 PPP 项目不稳定性高，将因变量 PPP 项目不稳定性赋值为"1"，若项目不存在问题，则认为 PPP 项目不稳定性低，将因变量 PPP 项目不稳定性赋值为"0"。

6.3.1.3 调节变量

（1）地级市廉政程度。本书以地级市廉政程度作为调节变量，现有研究对于地级市廉政程度的衡量主要分为两种：本章采用吴一平（2008）的测量值的倒数衡量地区廉政程度，为减少数据误差，直接采用文献中测量方法运行数据，记为（CO），且采用时任官员的任期内平均值。其中，地级市人口数来自于地级市统计年鉴，地级市相关案件数主要来源于地级市统计年鉴及地级市检察院年度工作报告。

（2）不确定性规避程度。本书以不确定性规避程度，记为 AVOID 作为调节变量，采用的数值来源于赵向阳等（2015）在其所著《中国区域文化地图："大一统"抑或"多元化"?》一文中关于中国各个省、自治区、直辖市关于 Globe 文化习俗各维度的测度。区域文化是在长期历史过程中形成的（杨宜音，1998；Hofestede，2001；Taras et al.，2009），变化速度十分缓慢，稳定性较高；并且，国内外大多管理学领域学者均采用 Globe 文化习俗系数作为区域文化的代理变量，如张婷婷（2017）等。另外，由于目前学术界还未有针对我国各地级市的 Globe 文化习俗维度的测度结果。因此，采用赵向阳等 2015 年所测度的省级层面数据加以验证本章所提出的假设是合理的。

6.3.1.4　控制变量

（1）PPP 类型。按照 PPP 项目运作方式进行分类记为 TP，主要可以分为 BOT（Built-Operate-Transfer，建设—运营—移交）、BOO（Built-Own-Operate，建设—拥有—运营）、TOT（Transfer-Operate-Transfer，移交—运营—移交）、ROT（Rehabilitate-Operate-Transfer，改建—运营—移交）、区域特许经营（Concession）和管理合同（Management Contract）以及这些类别的组合。由于在国内 BOT 模式占据多数，因此若 PPP 项目采取 BOT 模式，则将变量 PPP 类型赋值为"1"，否则记为"0"。

（2）官员年龄。本章将官员年龄定义为 PPP 项目签约时官员的年龄，记为 AGE，而非时任官员截至目前的年龄。

（3）地级市年度国内生产总值 GDP，本章将地级市年度国内生产总值 GDP 定义为 PPP 项目签约该年项目所在地级市的国内生产总值，记为 GDP，衡量单位为亿元。

（4）官员任期，本章将官员任期定义为官员卸任时间与项目签约时间差值，记为 RQ，其衡量单位为月，采取四舍五入制。

6.3.2　数据来源和样本选取

6.3.2.1　数据来源

本章中所采用的不同类别的数据来源不同。其中，PPP 项目相关信息，即项目名称、项目类型、签约时间、所在省市等来源于财政部政府和社会合作中心官网及世界银行官网；官员相关信息如出生年月、籍贯、学历、性别、政治面貌等主要来源于香港中文大学商学院官员相关数据库；地级市相关案件发生数、地级市人口数等数据来源于地级市统计年鉴，其中一些在统计年鉴中缺失的地级市相关案件发生数则通过地级市检察院年度工作报告得到；不确定性规避程度来源于赵向阳等（2015）

的中国各个省、自治区、直辖市关于 Globe 文化习俗的研究结果。

在进行官员数据和地级市国内生产总值 GDP 匹配时，以 PPP 项目所在省市级 PPP 项目签约时间为基准，与官员数据库内官员数据进行匹配，从而匹配到时任市长，若匹配不到时任市长，则通过搜索引擎搜索关键词得到，并通过统计年鉴与地级市 GDP 进行匹配，若有数据缺失，则通过网络搜寻补足信息；在进行不确定性规避程度匹配时，由于目前缺乏地级市层面数据，本书根据项目所在省、自治区作为匹配字段进行匹配；在进行地级市廉政程度数据匹配时，先通过匹配到的官员任期，分别通过统计年鉴官员任期内每一年的地级市相关案件发生数、地级市人口数，通过计算得到地级市该官员内每一年的每百万人口相关案件发生数，再通过计算任期内平均数值得以最终匹配。

6.3.2.2 样本选取

本章选取的研究样本是中国各地级市（除台港澳地区及直辖市）1993~2015 年签约的 PPP 项目。其中剔除直辖市是因为直辖市均属于省级单位，与其余省级地级市的行政地位不同，为了保证样本的可比性，故加以剔除。经过上述数据搜集和匹配的过程，再剔除不符合条件的样本及数据缺失的样本后，最终得到完整样本数 440 条，以进行后期的数据分析。

6.4 实证结果和分析

6.4.1 描述性统计

表 6-1 列示了自变量官员学历和官员地域认同感、因变量 PPP 项目

不稳定性、调节变量地级市廉政程度和不确定规避指数、控制变量 PPP 类型、官员年龄、地级市年度国内生产总值 GDP 和官员任期的描述性统计结果，通过分析结果，我们可以发现如下结论，见表 6-1。

表 6-1　自变量、因变量、调节变量描述性统计结果

变量	样本量	均值	标准差	最小值	最大值
ED	440	3.102	0.7431	1	4
DR	440	0.736	0.4411	0	1
US	440	0.089	0.2845	0	1
CO	440	0.279	0.1085	0.0706	0.7026
TP	440	0.293	0.4557	0	1
AGE	440	51.736	4.4218	36	64
GDP	440	3371.932	2857.2052	96.0921	16706.8719
RQ	440	20.827	16.3976	0	96
AVOID	440	4.341	0.0993	4.15	4.56

（1）官员学历的均值为 3.102，表明大部分地级市市长均为硕士研究生学历，学历较高。

（2）官员地域认同感的均值为 0.736，表明大部分地级市市长的籍贯与其所负责的项目所在的省相同，官员的地域认同性较高。

（3）PPP 不稳定性的均值为 0.089，表明 440 个样本项目中大约有 9% 的项目出现了不同类型的问题。

（4）地级市廉政程度倒数的均值为 0.279，其中最小值为 0.0706，最大值为 0.7026，相差约 10 倍之多，表明地级市间廉政程度的差异较大。

（5）不确定性规避程度的均值为 4.341，其中最小值为 4.15，最大值为 4.56，标准差为 0.0993，表明样本间对于不确定性规避程度的数值接近，差异性不大。

6.4.2 相关性检验

为了确保实证分析的准确性与科学性，保证各变量间没有多重共线性，需要在进行逻辑回归分析之前进行相关性检验。表 6-2 是相关系数矩阵表，显示了各变量之间的相关系数。

表 6-2 相关系数矩阵

	TP	CO	AGE	ED	DR	GDP	RQ	AVOID
TP	1							
CO	0.031	1						
AGE	−0.140**	0.159**	1					
ED	−0.082	−0.109*	−0.203**	1				
DR	−0.045	0.050	−0.009	−0.057	1			
GDP	−0.095*	−0.028	0.270**	0.095*	0.057	1		
RQ	0.041	0.012	−0.234**	−0.058	0.047	0.086	1	
AVOID	−0.018	0.079	−0.100*	−0.036	0.152**	0.178**	0.112	1

注：*p < 0.1；**p < 0.05；***p < 0.01。

从表 6-2 中我们可以得到如下结论，自变量、控制变量之间的相关系数中最大值为 0.270，相关系数均小于 0.8，说明自变量及控制变量之间均不存在多重共线性，其中自变量官员学历和官员地域认同感之间的相关系数为 −0.057，相关性较低，表明官员学历与官员地域认同感可以作为两个独立的自变量。

6.4.3 回归分析

由于本章的因变量 PPP 不稳定性是 0-1 变量，所以在进行回归分析时采用 Logit 回归的方法。在进行 Logit 回归时，利用 SPSS 22.0 软件进行回归，得到的结果经过整理后如表 6-3 和表 6-4 所示。

表 6-3　回归结果（1）

	US				
	模型一	模型二	模型三	模型四	模型五
RQ	−0.163	−0.113	−0.095	−0.226	−0.186
AGE	4.833**	4.944**	5.885**	3.204	4.243**
GDP	−0.243	−0.188	−0.281	−0.150	−0.220
TP	0.290	0.149	0.463	0.192	0.234
DR		−0.940***	−0.685*		
ED				−0.572**	−0.651***
CO			−5.240**		−3.490**
CO*DR			−3.707*		
CO*ED					−3.337**
截距项	−1.820***	−1.362***	−1.566***	−0.006	0
LR Chi2	7.588	14.477**	21.817***	13.710**	18.879***
Nagelkerke R²	0.038	0.072	0.108	0.069	0.120

注：$p^* < 0.1$；$^{**}p < 0.05$；$^{***}p < 0.01$。

模型一到模型九都是以 PPP 项目不稳定性为因变量。

模型一是仅加入控制变量的模型，控制变量分别为官员任期、官员年龄、地级市 GDP 和 PPP 类型。在这四个控制变量中，官员年龄（β=4.833，p<0.001）、与因变量 PPP 项目不稳定性之间存在显著的正相关关系，表明当官员年龄越大时，其所负责的 PPP 项目越不稳定。

模型二是在模型一的基础上加入自变量官员地域认同感，也就是说，模型二是在控制官员任期、官员年龄、PPP 类型和地级市 GDP 的条件下，探索官员地域认同感和项目不稳定性之间的逻辑关系。结果显示，官员地域认同感（β=−0.940，p<0.01）与 PPP 不稳定性之间存在显著的负相关关系，即当官员的地域认同感越强时，PPP 项目越趋于稳定，问题出现概率越小，且模型二相对于模型一的 R² 有显著提高。

模型三是在控制了官员任期、官员年龄、PPP 类型和地级市 GDP 的基础上，通过将调节变量 CO 与自变量 DR 标准化后相乘，得到交互项 CO*DR，在模型二的基础上加入了这个交互项得到的。由回归结果不难发现，在加入 CO*DR 这个交互项后，自变量官员地域认同感（β=−0.685，p<0.1）与 PPP 不稳定性之间存在负相关关系，但是负相关关系显著性降低；交互项 CO*DR（β=−3.707，p<0.1）与因变量 PPP 不稳定性之间存在显著的负向关系，并且模型三的 R^2 显著高于模型一和模型二。

模型四是在模型一的基础上加入自变量官员学历，也就是说，模型四是在控制官员任期、官员年龄、PPP 类型和地级市 GDP 的条件下，探索官员学历和项目不稳定性之间的逻辑关系。结果显示，首先，官员学历（β=−0.572，p<0.05）与 PPP 项目不稳定性之间存在显著的负相关关系，即当官员学历越高时，PPP 项目的不稳定性越低，PPP 项目越不易出现问题，且模型四相对于模型一的 R^2 有显著提高。

模型五是在控制了官员任期、官员年龄、PPP 类型和地级市 GDP 的基础上，通过将调节变量 CO 与自变量 ED 标准化后相乘，得到交互项 CO*ED，在模型四的基础上加入了这个交互项得到的。由回归结果可以看到，交互项 CO*ED（β=−3.337，p<0.05）与因变量 PPP 项目不稳定性之间存在显著的负向关系，并且模型五的 R^2 显著高于模型一和模型三。

模型六是在模型二的基础上，加入了调节变量不确定性规避程度得到的，模型七是在模型六的基础上通过将调节变量地级市不确定性规避程度与自变量官员地域认同感标准化后相乘，加入该交互项得到的。由回归结果可以看到，调节变量不确定性规避指数（β=0.119）和交互项不确定性规避指数 * 官员地域认同感（β=0.417）与因变量 PPP 项目不稳定性之间均不存在显著相关关系。

模型八是在模型四的基础上，加入了调节变量不确定性规避程度得到的，模型九是在模型八的基础上通过将调节变量地级市不确定性规避程度与自变量官员学历标准化后相乘，加入该交互项得到的。由回归结果可以看到，调节变量不确定性规避指数（β=-0.030）和交互项不确定性规避指数 * 官员学历（β=-0.238）与因变量 PPP 项目不稳定性之间均不存在显著相关关系。

表 6-4　回归结果（2）

	US			
	模型六	模型七	模型八	模型九
RQ	−0.120	−0.106	−0.223	−0.259
AGE	5.251**	4.875**	3.137	3.095
GDP	−0.210	−0.209	−0.146	−0.092
TP	0.262	0.214	0.186	0.254
DR	−0.990**	−0.931**		
ED			−0.578**	−0.517**
AVOID	0.119	−0.135	−0.030	0.591
AVOID*DR		0.417		
AVOID*ED				−0.238
截距项	−1.298***	−1.409	0.001	−0.191
LR Chi2	14.923**	16.258**	13.741**	15.370**
Nagelkerke R^2	0.074	0.081	0.069	0.077

注：*p<0.1；**p<0.05；***p<0.01。

6.4.4　结果与讨论

6.4.4.1　模型一的回归结果分析

由先前论述可知，在仅加入控制变量官员年龄、PPP 类型、地级市 GDP 和官员任期的模型一中，官员年龄与 PPP 项目不稳定性呈现显著的正相关关系，即官员的年龄越大，则 PPP 项目越不稳定。这是由于在中国地方官员晋升锦标赛模式下，地方官员必须在上一轮中获得优胜政绩才能取得下一轮晋升的资格，从而得到逐步晋升的机会，这种严苛的锦标赛模式使得官员面临高晋升压力（周黎安，2007）。而中央规定省部级官员的退休年龄为 60 岁，这意味着如果该地级市市长年龄越小，则其面临的后续晋升机会越大。这种高晋升可能性产生强烈激励作用，年轻官员会更倾向于做出杰出 PPP 项目政绩以获得更长的政治生涯。而官员年龄越大，越接近 60 岁的上限，他就丧失了后续晋升的可能性，政治锦标赛的高晋升压力对其政绩的激励作用减弱，则其对于 PPP 项目的关注度持续减少。在这种情况下，PPP 项目则较容易产生问题。但模型一的 R^2 只有 0.038，表明四个控制变量的模型拟合度只有 0.038，需要后续自变量和控制变量的加入进一步完整解释因变量的变化。

6.4.4.2 模型二的回归结果分析

对于模型二，可以从表 6-3 中看到，在控制了官员年龄、PPP 类型、地级市 GDP 和官员任期的基础上，官员地域认同感与 PPP 项目不稳定性也形成显著的负相关关系，且模型二的 R^2 显著高于模型一的 0.038。这表明加入自变量官员地域认同感，相比较只加入控制变量来说，对因变量的变化的解释程度显著增强。显然，假设 6.1 得到验证。在中国，由于历史原因，"籍贯观念"盛行多年，这种由地缘产生的地域认同构成了中国社会认同中极为重要的一部分。因此，当官员的籍贯与项目所在地省份相同时，官员产生强地域认同感，这种地缘偏好会使得官员对于 PPP 项目采取积极的管理及推行措施以支持该地方经济发展，因此其所负责的 PPP 项目越不易出现问题，PPP 项目的不稳定性越低。

6.4.4.3 模型三的回归结果分析

通过观察表 6-3 中的结果，可以发现，模型三在模型二的基础上加入交互项 CO*DR，可以看到虽然官员地域认同感与因变量之间的负相关关系仍然显著，但显著性明显低于模型二，CO 的系数及交互项 CO*DR 的系数显著为负。与此同时，模型三的 R^2 为 0.108，显著高于模型一和模型二的 R^2 值。因此，假设 6.3 得到验证。即 CO 对 DR 和 PPP 项目不确定性之间的关系有调节作用，地级市廉政程度越低，官员地域认同感和

PPP 项目不确定性之间的负向关系越强，由图 6-2 可进一步得到验证：地级市廉政程度低时，PPP 项目不稳定性与官员地域认同感之间的连线的斜率为负，而当地级市廉政程度高时，PPP 项目不稳定性与官员地域认同感之间连线的斜率变为正数，并且地级市廉政程度低时的连线要显著陡于地级市廉政程度高时的连线。

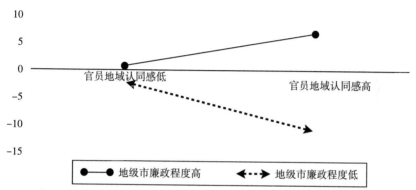

图 6-2　地级市廉政程度对于官员地域认同感与 PPP 项目不稳定性关系的调节作用

6.4.4.4　模型四的回归结果分析

对于模型四，从表 6-3 中看到，在控制了官员年龄、PPP 类型，地级市 GDP 和官员任期的基础上，官员学历与 PPP 项目不稳定性形成显著的负相关关系，且模型四的 R^2 为 0.069，显著高于模型一。这表明加入官员学历后，模型四和模型一进行比较，对因变量的变化的解释程度显著增强，因此，假设 6.2 得到验证。这是由于，根据斯宾塞的信号模型理论，学历具有揭示个体能力的信号作用，官员学历越高，那么在一定程度上他的学识和能力越强，因此他的学习能力和管理能力越强，所以学历越高的官员对于 PPP 项目的背景知识了解更深入，对于 PPP 各阶段管理能力更强，那么 PPP 项目越稳定。

6.4.4.5　模型五的回归结果分析

由表 6-3 中回归结果可得，模型五是在模型四的基础上加入交互项

CO*ED 得到的。我们可以看到，在模型五中，官员学历与因变量之间的负相关关系仍然显著，进一步验证了假设 6.2，表明官员学历与 PPP 项目不稳定性的负相关关系非常稳健。另外，交互项 CO*ED 对于因变量 PPP 项目不稳定性的回归系数显著为负，模型五的 R^2 为 0.120，显著高于模型一和模型四的 R^2 值，所以可以验证假设 6.4，即地级市廉政程度对官员学历和 PPP 项目不稳定性之间的关系起调节作用，地级市廉政程度越低，官员学历和 PPP 项目不稳定性之间的负向关系就越强。由图 6-3 可进一步得到验证：地级市廉政程度低时，PPP 项目不稳定性与官员学历之间的连线的斜率为负，而当地级市廉政程度高时，PPP 项目不稳定性与官员学历之间连线的斜率变为正数，并且地级市廉政程度低时的连线要陡于地级市廉政程度高时的连线。

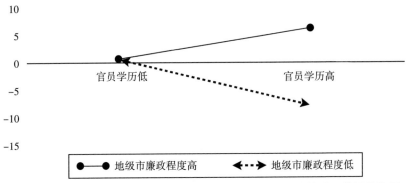

图 6-3 地级市廉政程度对于官员学历与 PPP 项目不稳定性关系的调节作用

6.4.4.6 模型六、七、八、九的回归结果分析

由表 6-4 的回归结果我们可以看到，在模型六和模型七中，官员地域认同感和 PPP 不稳定性之间的回归系数依然显著为负，虽然模型六的 R^2 显著高于模型二，并且模型七的 R^2 显著高于模型六和模型二，但在模型六中不确定性规避程度的回归系数和模型七中交互项的回归系数不显著。因此，不确定性规避程度无法调节官员地域认同感与 PPP 项目不确

定性之间的负向关系。

同样地，可以看到在模型八和模型九中，官员学历和 PPP 不稳定性之间的回归系数依然显著为负，但模型八中的 R^2 与模型四的 R^2 相等，并且模型八和模型九中不确定性规避程度和交互项的回归系数均没有呈现显著性，因此不确定性规避程度无法调节学历与 PPP 项目不稳定性之间的负向关系。

综上所述，地级市不稳定规避指数无法作为调节变量调节官员学历和官员地域认同感与 PPP 项目不确定性之间的关系，所以假设 6.5 和假设 6.6 不成立。

6.5　稳健性检验

6.5.1　检验方法

本章运用熵平衡（Entropy Balancing）的方法进行稳健性检验，这一方法是由麻省理工学院的 Hainmueller 教授于 2012 年创立的。熵平衡是一个预处理过程，可以通过给实验组和控制组的变量进行赋值以创建实验组和控制组的平衡样本，从而用于后续研究。预处理的方法是为每个样本单元分配一个标量权重，以便使得重新加权的实验组和控制组满足协变量分布的样本矩的平衡约束，使得实验组和控制组的数据完全匹配。这一方法关注协变量平衡，从而消除了模型中可能存在的协变量对于因变量的影响作用。熵平衡可以看作传统倾向评分加权方法的一个推广，其中，单位权重直接利用平衡约束估计方法，因而与传统倾向评分加权方法如遗传匹配不同，熵平衡方法不需要再额外进行平衡检验。近年来，熵平衡的方法因其高效性及易操作性越来越受到学术界的关注。本书运用熵平衡的方法将样本数据进行预处理后从而再次进行 Logit 回归，以进一步验证前文所得到的数据结果的稳健性。

6.5.2　检验结果

将因变量 PPP 项目不稳定性赋值为 1 的 PPP 项目设为实验组，将因变量赋值为 0 的 PPP 项目设为控制组，将控制变量官员年龄、官员任期、PPP 类型、地级市 GDP 进行熵平衡预处理，处理结果如表 6-5 所示。

表 6-5　控制变量预处理结果

	实验组			控制组		
	平均值	方差	偏度	平均值	方差	偏度
TP	0.2618	0.1939	1.084	0.2631	0.1956	1.076
GDP	3378	7668086	1.596	3377	9392496	1.496
AGE	52.02	18.92	−0.4488	52.02	15.51	0.3206
RQ	21.13	247	1.022	21.12	364.4	1.223

由表 6-5 我们可以看到，在进行熵平衡后，PPP 类型的平均值在实验组和控制组分别为 0.2618 和 0.2631，地级市 GDP 平均值在实验组和控制组分别为 3378 和 3377，官员年龄平均值在实验组和控制组均为 52.02，官员任期平均值在实验组和控制组分别为 21.13 和 21.12。可以看到，在对数据进行熵平衡处理之后，我们剔除了 PPP 类型、地级市 GDP、官员年龄和官员任期对于因变量的影响，从而对前文已经验证的主效应和调节效应做稳健性检验。

利用预处理后的对自变量官员地域认同感和官员年龄与因变量 PPP 项目不稳定性进行 Logit 回归以验证主效应稳健性，同时将控制变量 CO 也纳入 Logit 回归以验证调节作用的稳健性，结果如表 6-6 所示。

表 6-6　稳健性检验结果

	因变量：PPP 项目不稳定性		
	假设 1 和假设 2 稳健性检验	假设 3 稳健性检验	假设 4 稳健性检验
ED	−0.814***		0.488
DR	−0.823**	−0.439	
CO	−4.022**	−3.175	9.573
CO*ED			−5.072*
CO*DR		−0.713	
常数	1.581*	−1.138	−2.554

注：*p < 0.1；**p < 0.05；***p < 0.01。

由表 6-5 稳健性检验结果可知，官员学历（β=−0.814，p<0.01）对于因变量 PPP 项目不稳定性有显著的负相关关系，官员地域认同感（β=−0.823，p<0.05）对于因变量 PPP 项目不稳定性也有显著的负相关关系，因此，假设 6.1 和假设 6.2 均通过稳健性检验。对于假设 6.4 的稳健性检验，可以看到，在加入交互项 CO*ED 之后，官员学历的回归系数不再显著，而交互项的回归系数显著为负（β=−5.072，p<0.1），因此假设 6.4 也通过稳健性检验。而对于假设 6.3 的稳健性检验，可以看到交互项 CO*DR 的回归系数为−0.713，但回归系数不再显著，这可能是由于稳定性检验是通过熵平衡预处理数据后进行 Logit 回归的，此时官员任期、PPP 项目类型、官员年龄和地级市 GDP 四个协变量在实验组和控制组之间达到平衡，因此，此时回归条件十分严苛，使得假设 6.3 未通过这一严格的稳健性检验，但这并不影响本研究的结论。

6.5.3　假设检验汇总

通过上述描述性统计分析、相关性检验、回归分析，我们将假设检验结果汇总整理如表 6-7 所示。

表 6-7　假设检验汇总

H1	在 PPP 项目中，在其他条件相同的情况下，核心官员的地域认同感越低，PPP 项目不稳定性越高	成立
H2	在 PPP 项目中，在其他条件相同的情况下，核心官员的学历越低，PPP 项目不稳定性越高	成立
H3	地级市廉政程度对官员地域认同感和 PPP 项目不稳定性之间的关系起调节作用，地级市廉政程度越低，核心官员地域认同感和 PPP 项目不稳定性之间的负向关系越强	成立
H4	地级市廉政程度对官员学历和 PPP 项目不稳定性之间的关系起调节作用，地级市廉政程度越低，核心官员学历和 PPP 项目不稳定性之间的负向关系就越强	成立
H5	不确定性规避程度对官员地域认同感和 PPP 项目不稳定性之间的关系起调节作用，不确定性规避程度越高，核心官员地域认同感和 PPP 项目不稳定性之间的负向关系越强	不成立
H6	不确定性规避程度对官员学历和 PPP 项目不稳定性之间的关系起调节作用，不确定性规避程度越高，核心官员学历和 PPP 项目不稳定性之间的负向关系越强	不成立

6.6　本章小结

　　本章从混合组织治理的视角出发，在梳理 PPP 模式及其风险，廉政及文化的相关文献的基础上，总结归纳出高阶理论、社会人假设，以政府官员个人特征为切入点，结合不同地级市环境因素如廉政程度、不确定性规避文化，探究政府官员背景特征对 PPP 混合组织稳定性的影响，以及廉政程度和不确定性规避程度对于二者作用的调节效应，研究结论如下：

　　官员学历与 PPP 项目不稳定性的回归结果表明，官员学历与 PPP 项目不稳定性之间存在显著负相关关系，即官员学历越高，PPP 项目的不稳定性越低，这符合本章假设的提出。根据人力资本理论，高等教育有利于个体知识和能力的提升，而斯宾塞的学历信号模型理论进一步论证了此项观点。当官员进行学历投资接受高等教育进一步完善自己的过程中，增加了自身的知识储备和学习工作能力，因此，相对于学历程度较低的官员来说，高学历的官员对于 PPP 项目的管理能力较高，且对于 PPP 项目的知识了解更为全面和重视，对于相关政策方针的理解更为快速且深入。因此，高学历的地方官员所负责的 PPP 项目越趋于稳定，这一稳定的 PPP 政绩同时也可以使得官员获取很多的晋升可能。当前，我国推行"干部队伍知识化"，要求干部的科学文化素养和整体素质得到进一步的提高，从而保证我国综合国力得到进一步的发展，人民生活水平得以提升，这是实现中华民族伟大复兴的"中国梦"的必然要求。基于本章的研究，我们认为此项方针政策应当进一步加强落实。

官员地域认同感与 PPP 项目不稳定性的回归结果表明，官员地域认同感与 PPP 项目不稳定性之间存在显著负相关关系，即官员地域认同感越高，PPP 项目的不稳定性越低。如前所述，相关研究已经表明，政府官员存在"家乡偏爱"（Hodler and Paul，2004），且这种"偏爱"是全球性的普遍现象（李书娟和徐现祥，2016）。官员对于家乡的感情会使得他将更多的精力置于家乡的经济发展上，将很多的努力付之于提升经济发展的对策上。在中国当前晋升制度下，上级通过观察下级在任期内的政绩以决定下级的晋升机会。因此，官员会努力提升其籍贯所在地的 PPP 项目的稳定性，在当前中央政府大力推行项目制，即以 PPP 模式带动地方基础设施建设的大环境下，不仅可以将地域认同感强的官员对家乡的满腔热情付之于为家乡的建设添砖加瓦的实际行动中，更可以使得他获取更多的晋升机会，为其未来仕途创造更多的晋升条件。因此，在未来 PPP 项目负责官员的选择过程中，应将负责官员的籍贯考虑在内。

地级市廉政程度的调节作用表明，在 PPP 项目中，地级市廉政程度越低，负责官员学历和 PPP 项目不稳定性之间的负向关系越强；在 PPP 项目中，地级市廉政程度越低，负责官员地域认同感和 PPP 项目不稳定性之间的负向关系越强。基于"嵌入性自主理论"，当官员在廉政程度较低的地级市任职时，该地级市的政商关系较为密切，此时学历高的官员由于其科学文化素养和个人能力较强，并且基于他的行政身份可以影响政策制定，因此无论是从行政条件上来说还是基于其个人的能力素质，高学历的官员能在高嵌入性的政商关系中具有自主制定 PPP 项目执行的管理方案政策的能力，此时高学历官员对于 PPP 项目不稳定性的显著负相关关系被进一步放大。基于"差序格局理论"，在 PPP 项目中，当地级市具有低廉政程度的特征时，该地级市的政商互动关系密切，对于在该地级市主政的官员来说，政商关系所形成的"业缘群"在该官员心中排序上升，而对于籍贯与项目所在地相同的官员来说，他在负责该 PPP 项目期间同时处于"业缘群"与"地缘群"之中，因此，他对于此 PPP 项目的重视感和付出的精力与情感会被进一步加强，从而使得 PPP 项目越稳定。

基于上述结论，可进一步认为在廉政程度较低的城市中，学历的正面信号作用被进一步放大，但基于社会性的交换关系的作用同样也被放大，在这两种情况下，虽然都实现了 PPP 项目稳定性的增加，但其背后的作用机制不同。在低廉政的情况下，高学历的官员凭借其在高嵌入性政商关系中的自主性实现了 PPP 项目的稳定性，而高地域认同感的官员在低廉政的环境下付出的更多情感与精力，可能是基于和其同时处于"业缘群"与"地缘群"之中，与地方私企形成了一个以不当得利为目的的"人情社会"，双方进行利益交换，企业以经济利益与地方政府的高关注度进行社会交换。因此，此时虽然 PPP 项目获得了稳定，但这一稳定性可能是暂时的。因此，我们所看到的 PPP 项目的稳定性可能是一把"双刃剑"，具有两面性，需要进一步识别这种情况下 PPP 项目稳定性产生的原因，从而更好地治理监管 PPP 模式的运用。

不确定性规避程度的调节作用没有得到验证，本章认为原因可能有以下几点：

第一，高学历对于 PPP 不稳定性的抑制作用主要体现在官员会因教育程度的提高而带来知识和能力的提升，并且学历对于 PPP 不稳定性的影响对于官员而言是内生性的，稳健性高，较难被外部环境所影响，但不确定性规避程度主要衡量的是该地区人们对于风险的普遍容忍程度，无法从根本上影响到官员的知识和能力，不能放大高学历的信号作用，所以不确定性规避程度对于学历和 PPP 不稳定性的关系难以存在显著的调节作用。

第二，高地域认同感的官员基于对家乡的情感寄托而努力提高 PPP 项目的政绩，但地级市不确定性规避程度并不能影响官员对于家乡的情感与价值取向，因此在其中也难以起到调节作用。

第三，因研究所限，本章采用的均是省级层面的不确定性规避程度，且所采用的数据是 2015 年研究所得，因此可能存在因数据时效性和可得性等所造成的结论偏差，需要在未来研究条件更加完备的情况下进行进一步的验证。

第7章 企业 CEO 政治关联对 PPP 项目不稳定性的影响

本章从企业出发，探寻导致 PPP 项目不稳定性的原因。现有 PPP 相关文献中，部分提及因为政府过于强势，缺乏契约精神，单方面违约而导致的项目不稳定，但鲜有文献研究企业 CEO 的个人特质会对 PPP 项目的不稳定性产生什么样的影响。本章从企业 CEO 政治关联视角，深化 PPP 项目不稳定性研究，有利于双边互动视角下对 PPP 项目风险的认知与把控。

7.1 引言

如前所述，虽然就目前而言，政府对企业的发展可能仍然具有至关重要的作用，但反过来，企业的某些特征是否也有可能会在一定程度上影响 PPP 项目的稳步发展？目前，这方面的研究仍存在空白，因此从企业的角度出发，探索 CEO 的个人特质是否会对 PPP 项目不稳定性产生影响，不论在理论上还是实践上都有重要意义。

通过对 PPP 项目频繁的终止、退库现象的观察，我们发现，政策的颁布并没有遏制住项目近几年不断出现的不稳定状况。现有研究也并不能够完全解释在新闻报道中出现的问题。因此，本章将从企业的角度入手，以实证分析的方法研究企业 CEO 的个人特征对 PPP 项目不稳定性的影响，具体分为三个方面：

（1）研究企业 CEO 政治关联和 PPP 项目不稳定性之间的关系。通过对现有文献的梳理可以发现，大多数文献对 PPP 项目的讨论，主要集中从政府的角度出发，政府在 PPP 项目中作为主导方而存在。而企业 CEO，即企业首席执行官，作为企业日常事务的最高负责人，承担着 PPP 项目的投标、中标、签约、施工、运营等全过程，同样在 PPP 项目中扮演着不可或缺的重要角色。因此，他们与政府之间的关联有无，是否会影响到与政府的合作，从而影响到 PPP 项目的稳定性，这是本章希望了解并且研究的主要问题。

（2）政治关联又分为先赋性政治关系和后致性政治关系，在区分政治关系类型的情况下，作为被委托方的企业的 CEO，先赋性政治关系和后致性政治关系是否会影响到他们在面对 PPP 项目进行的判断和决策？如果产生影响，那么这些影响是否有所区别，原因又是什么？这是本章希望进一步研究和探寻的问题。

（3）我国作为多民族的国家，加上幅员辽阔，不同地区有不同的制度规则，这些制度规则造成了不同地区的市场化进程和区域文化。它们的存在，是否会影响到企业 CEO 对 PPP 项目的决策从而影响 PPP 项目的稳定性？这也是 PPP 项目推进中不容忽视的重要环境条件。因此，本章希望通过对市场化进程和区域文化的研究，获取能够让 PPP 项目稳步推进的重要因素。

本章逻辑框架如图 7-1 所示。

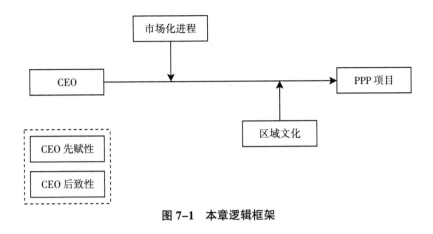

图 7-1　本章逻辑框架

7.2　理论基础与研究假设

Auty 于 1993 年提出了资源诅咒效应，认为丰富的自然资源可能限制经济的增长。此后，越来越多的研究发现，虽然短期内地区丰富的资源禀赋可能会对区域经济产生推动促进作用，但从长期来看，相对丰富的资源禀赋却可能对区域经济的增长产生负面效应，并且拉大贫富差距，导致过度投资、寻租等一系列的社会问题（Wood and Berge，1997；Auty，1998 & 2007；Gylfason，2001；Atkinson and Hamilton，2003；Papyrakis and Gerlagh，2004 & 2007；Mehlum et al.，2006）。

CEO 个人拥有的社会资源，包括与政府的联系是企业非常重要的一种资源（Boubakri，2008）。地区的政治资源也同样存在诅咒效应，即企业组织或个体拥有的政治关系网络和政治支持并没有产生正面的推动作用，反而更容易形成对自身行为的约束甚至引发一些不当行为，导致权力寻租、利益寻租、风险失控等不良状况的出现。地区政治资源主要具有政策制度波动性、政治冲击性和内生性三个特征。政策制度波动性，指的是政治资源的丰富与否会受到中央政府或相关部门的政策调整的影响，当政策制度发生变动时，先前因为政策制度支持而形成或获得的丰富政治资源就会减少，最终产生资源诅咒效应；政治冲击性是指政治资源诅咒效应会受到政治环境不确定性的影响，比如地方政府领导的发展理念、对不同企业的支持态度都有可能随政治环境的不同而产生变化，一旦出现政治冲击，如果企业仍然坚持原来的投资或对市场的乐观估计，那么极有可能会产生资源诅咒效应；内生性是指当企业拥有丰富的政治资源时，高管会通过这些政治资源做出过度投资或者无视风险防控的决策，而为了维护这些政治资源，就会产生利益交换、权力寻租等行为，从而导致政治资源诅咒效应。

Brollo 等（2013）研究发现，财政资源丰富的地区，寻租行为也会随之增多，且政治候选人的质量会出现不同程度的下降。因此，有些企业 CEO 很有可能并不具备 PPP 项目的投资资格，也没有这样的能力，但因为政治关联而投资了 PPP 项目，却无法承担起项目的后期运营，导致项目出现不稳定的状况。袁建国等（2015）则在政治关联与企业技术创新的基础上，探讨企业政治资源的诅咒效应，发现政治关联会降低市场竞争，增加了过度投资的风险，导致产生挤出效应，削弱企业的技术创新能力，从而引发政治资源诅咒效应。拥有政治关联的企业 CEO 很有可能陷入政商勾结的泥潭，过度投资一些力不能及的 PPP 项目，引发 PPP 项目的频频违约。

除此之外，地方政府融资平台也存在政治资源诅咒效应。地方融资平台的高管因为自身的政治背景和政治人脉，因此普遍存在过度自信。而政治资源的易获得性又产生了预算软约束，它的存在进一步加强了地方融资平台高管的过度自信与过度投资。过度自信往往容易导致地方政府债务风险，降低地方融资平台公司的高管候选人质量，从而增加投融资风险。相对丰富的政治资源会导致地方政府融资平台成为政府追求政绩的工具，弱化风险控制意识，即产生政治资源诅咒效应（江涛和薛媛，2017）。政府往往会对拥有政治关联的 CEO 青睐有加，形成社会刻板印象，因而忽略了对其企业能力的考察，将重要的 PPP 项目转交到这些可能不具备长期运营能力的企业中，致使 PPP 项目陷入困境。

基于前文大量的文献研究可知，政治关联是一把"双刃剑"。它既是一种宝贵的政治资源，能给企业带来资源效应（于蔚等，2012），使企业获得融资税收优惠、财政补贴、行业准入等诸多好处；但它也需要为此付出比较高昂的"政治关联成本"，由此带来一些诸如风险承担水平下降、过度投资等负面效应，从而可能对 PPP 的不稳定性也产生一定影响。在前文对各类概念的界定和相关理论分析的基础上，本部分将研究政治关联及不同类型的政治关系对 PPP 项目不稳定性的影响机理，并探讨市场化进程和区域文化是如何调节这两者之间的关系的。

7.2.1　政治关联对 PPP 项目不稳定性的影响

很多学者认为政治关联会降低企业的投资效率（何婧和徐龙炳，2012；唐建新和罗文涛，2016），导致非效率投资（李传宪，2014）和过度投资（梁莱歆和冯延超，2010；Chen et al.，2011；胡国柳和周遂，2012；李传宪等，2013；刘井建等，2017）。政治关联为企业带来的政治优势会使企业更容易发生违规行为（郑丽婷和金雪军，2017），它会严重削弱独立董事本地任职对企业违规行为的抑制功效（周泽将和刘中燕，2017）。戴娟萍和郑贤龙（2015）在现有文献研究的基础之上，结合我国特殊时期的制度背景，发现政治关联会降低企业风险承担水平。

周黎安最早提出了官员晋升的政治锦标赛体制，并产生了一系列的研究成果（周黎安，2004 & 2007；Li and Zhou，2005）。他认为，在我国这种集权型的政治体制下，上级官员拥有人事任免权。他们可以通过政绩指标，如"经济增长"来考核和提拔下级官员。因此，为了获得政治上的升迁，下级官员有很强的动力来发展经济。地方政府官员越来越多地被认为是"政治人"，而非"财政联邦主义"（Jin et al.，2005）中的"经济人"（陶然等，2010）。在这种典型的压力性激励的晋升机制下，地方政府官员热衷于各项经济指标的排名和当地 GDP 的增长，也激励了政府官员对本地企业控制力的加强。同时，为了迎合政府官员促进经济增长的需求，具有政治关联的企业可能会进行过度投资，不利于企业未来的长期发展（李健等，2012），可能将无法承担 PPP 项目的后期稳定运营。

结合资源诅咒效应理论，一方面，自然资源的丰裕通常会导致该区域出现某种政治利益集团，进而造成从寻租性活动得到的收益可能超过寻利性活动，社会矛盾激增，从而失去了促使经济能够持续发展的必要社会环境（Baland and Francois，2000；Gylfason，2001）；另一方面，在官员晋升的政治锦标赛体制的影响下，政府对经济指标和 GDP 的追求会耗费拥有政治关联的企业的有限资源（徐业坤等，2013）。具有政治关联的企业 CEO 很有可能为了维护与政府来之不易的政治关系，或者受政府对其的影响，没有根据企业的自身情况量力而为，过度投资了一些 PPP 项目。而这些 PPP 项目又是有风险的，具有政治关联的企业相对于没有政治关联的企业，承担风险的能力又有所不及，PPP 项目作为需要长期经营 20 年甚至 30 年的项目，很有可能无法保证 PPP 项目的持续发展，有极大可能出现不稳定的情况。基于此，提出以下假设：

假设 7.1 具有政治关联的企业 CEO 更容易导致 PPP 项目的不稳定。

7.2.2 先赋后致对 PPP 项目不稳定性的影响

本书认为，先赋性政治关系、后致性政治关系虽然同属于政治资源，但两种类型的政治关联在如何以及何时积累并反映不同的政企关系方面存在差异，因而可能存在不同程度的政治资源诅咒效应。因此，期望它们对 PPP 项目的运作产生不同程度影响的假设是合理的。

先赋性政治关系是企业 CEO 进入企业之前就拥有的政治关系，是一种"嵌入性"关系（李孔岳等，2012）。由于这种类型的政治关联通常是在较长时期内培养起来的，而且是这些人职业生涯的重要组成部分，它通常体现了信任和人际关系的忠诚（与政府官员），因此相对稳定，可以有效地保护企业的利益。另外，企业 CEO 之所以能够顺利开办企业并获得相关的资源，很大可能就是因为存在着先赋性政治关系（Lin，2011）。由于与政府有共同语言、共同经验和网络化的关系，企业 CEO 能够通过一定的沟通渠道接触现有的地方政府领导人，作为前政府的"内部人士"，这样的经历通常表明他们有很深的政治根植。虽然这些人现在选择了去企业作为 CEO 从事经济活动，与政府的接触可能变少了，但因为他们的政治关系已经提前嵌入，与政府领导人的关系也将有效地保护他们免受租金征收。在政治锦标赛体制的影响下，结合资源诅咒效应，政府会更愿意把新的项目交给这些拥有先赋性政治关系的企业（Bertrand et al.，2007），因此这些企业也可能更容易受到政府的影响而过度投资一些项目。因此，提出以下假设：

假设 7.2a　企业 CEO 的先赋性政治关系与 PPP 项目不稳定性有正向相关关系。

后致性政治关系是企业 CEO 在企业成立后才具有的政治关系，是一种"市场性"关系，其基础以工具理性为主（李孔岳等，2012）。拥有后致性政治关系的 CEO，通过企业和 CEO 的努力想要达到政府的期望，或者政府认定他们是重要的合作伙伴，在企业和政府之间产生了强烈的"附加效应"，从而获得了政治关联。CEO 往往会出于获取资源与合法性、进入高壁垒行业等原因，和政府建立政治关联，参与到政治生活中，有时候可能只是为了政府给予的一些名义上的表彰，以此表示政府对企业所获成绩的认可。

由于中国特殊政治制度背景的存在，中国的企业往往比西方企业在投资决策中更容易受到政府的干预。为了不在双方合作中处于过于弱势的地位，某些企业选择了"寻租"行为。

寻租理论最早萌芽于 1967 年美国经济学家 Gordon Tullock 的一篇论文，但直到 1974 年，才被 Anne Krueger 作为一个理论概念正式被提出。根据他们的论述，政府会运用行政权力干预和管制企业和个人的经济活动，不利于有序且公平的市场竞争，严重阻碍了经济的可持续增长，仅使少数特定利益集团取得超额收入。而谋求这种行政权力以获得超额收入的举措，就被称作"寻租活动"。

它往往会让企业将资源投入到非自身能力可建设的领域，结合资源诅咒效应理论，容易导致企业稀缺性资源的浪费，甚至是那些用于自身建设所需要的资源，最终降低了企业的风险承担水平，被迫放弃更多高收益但高风险的投资项目，不利于企业的长远发展。

因此，相较于先赋性政治关系的企业 CEO，后致性政治关系的企业 CEO 为了维系来之不易的政治关系，会更倾向于进行"寻租活动"，遵守或积极配合政府的期望，进一步发展和保护政府的利益，并巩固自身的政治地位，因此可能被迫去投资一些自身并不擅长的或过度投资一些 PPP 项目。而在 PPP 项目的运营过程中，往往可能会因为风险承担水平较弱，而导致出现一系列的问题。此外，这种政治关系具有一定时效性，一旦担任的时间到期，而 PPP 项目还并没有终止，那么这些企业的 CEO 未必会有足够的动力去维护这些项目未来的稳步推进。因此，提出以下假设：

假设 7.2b　企业 CEO 的后致性政治关系与 PPP 项目不稳定性有正向相关关系。

相对于后致性政治关系的企业 CEO 而言，社会公众对这些具有先赋性政治关系的企业 CEO 可能有更高的道德要求，所以，CEO 可能愿意通过更多地履行社会责任来维持原有的社会声誉，进而获得来自社会的认可（李孔岳和叶艳，2016），反过来保证 PPP 项目的正常运营。因此，提出以下假设：

假设 7.2c　在同等条件下，CEO 的后致性政治关系比先赋性政治关系对 PPP 项目不稳定性的影响更大。

7.2.3　市场化进程的调节作用

有学者研究发现，应对资源诅咒效应可以从优化生产要素的配置效率入手，而生产要素配置效率正是通过市场化程度反映的（邵帅，2009）。因而，通过推进市场化进程，并改善其反映的生产要素配置效率，能够在一定程度上规避资源诅咒效应的发生。

García-Herrero（2006）的研究表明，市场化程度会影响地方金融的发展，而地方金融的发展又会影响到公司能否进行有效投资。有学者研究发现，市场化程度较低的地区，如果企业持有的现金越多，且均受到来自政府的保护，则投资效率会大大降低（Shin and Kim，2002）。

我国目前正处于经济转型发展时期，市场化程度也在逐步提高，说明国家对企业的干预和限制正逐步放宽。国家鼓励企业的发展与市场需求相适应。结合资源诅咒效应理论，既然企业拥有了自主决策权，那么就不必再承担来自政府的压力和干预，能够将优势资源集中起来进行投资和项目运营，实现企业的利润最大化。与此同时，企业也不必在构建和维护政治关联上浪费大量资金与资源，可以将从中节省的资金、资源投入到自己的优势领域中，提高了风险承担水平，帮助企业获得长远发展。

但是，我国仍然存在着社会经济发展不均衡的问题（樊纲等，2008），导致各地区的制度水平也存在明显的差异。结合我国特殊的制度环境，企业无法和政府真正分离。某些地方政府有时依然想要控制企业的发展、干预企业的决策，特别是对有政治关联的企业，导致出现了资源诅咒效应。在这种状况下，有时企业的投资行为并不属于市场的自发行为，而是受到政府的推动。市场化程度较低的地区，政府比市场拥有更强的资源配置能力，企业能够通过市场配置获得到的资源非常少，企业往往面临非市场化的竞争环境（张霖琳等，2015），因此它们极有可能为了获得想要的资源，或者消除因为制度不完善对企业发展造成的不良影响，去和政府建立、维持并发展政治关系从而获得来自政府的保护，但也因此更容易出现过度投资的现象，对 PPP 项目的稳定性产生影响。同时，政府对国有企业或者有政治关联的企业的干预动机较强（钟海燕等，2010），因此企业 CEO 极有可能在政府的制约下不得不追求短期效益而投资一些 PPP 项目，放弃从长远考虑，为这些 PPP 项目留下了隐患。此外，市场化进程慢的地区，法律制度等还不够完善，对政府和企业的监督约束较弱，因此容易出现政府干预企业、企业迎合政府、政企权钱交易等问题（金太军和袁建军，2011），有些具有政治关联的 CEO 可能会不顾企业的利益进行 PPP 项目的投资和运营。相反，市场化程度比较高的地区，非国有化经济发展也会比较快，比如在东部地区企业的发展环境要明显比中西部好，这在一定程度上降低了企业建立政治关联的动机，也能够在一定程度上规避资源诅咒效应的出现。

由此可见，市场化程度的提高带来的宽松的市场环境，可以显著增加企业自主行为的控制权，降低政府对企业的干预。在市场化程度高的地区，企业在出现投资机遇时，按照利用市场需求调动各类资源进行投资发展，获得利益最大化，同时也能够提高企业的风险承担能力。

基于上述分析，本书提出假设 7.3：

假设 7.3　在市场化程度相对比较高的地区，具有政治关联的企业 CEO 对 PPP 项目不稳定性的影响作用会有所减弱。

7.2.4　区域文化的调节作用

区域文化是社会文化的一个子集，它是一个地区群体意识、价值观念、行为规范等非物质性因素的总和，从根本上决定着一个区域发展制度和战略变革的可能性。它对内具有共性、对外具有个性，因此对当地经济社会发展有着不容忽视的重要作用。

文化以人作为载体，通过人的思维和行为表现出来，因此企业 CEO 的决策风格极有可能是由其自身承载的文化决定的，这是区域文化带来的特征。企业管理者的个人经历、价值观等都有可能导致他们做出不一样的决策，进而对企业行为产生相应影响（Hambrick and Mason，1984），比如企业投资、融资等行为（Bertrand and Schoar，2003）。CEO 作为企业日常事务的负责人，将直接影响到企业层面的决策。

Hofstede（1980）指出，文化对于企业决策会有重要影响。文化既能够通过影响企业主要决策者的规模、构成稳定性和权利分配来影响企业决策，也可以通过影响企业决策者外普通员工的行为动机、管理难易程度、沟通有效性等来影响企业。此外，企业行为还受到不同文化对 CEO 价值观的影响，比如，CEO 对企业目标的制定或对企业利益相关者的划分。由此，文化能够在一定程度上影响企业 CEO 在面对 PPP 项目时做的决策，以及当他拥有政治关联时对 PPP 项目产生不同的影响。拥有政治关联，相当于政府就是该企业的利益相关者，在 PPP 项目的投资和后期运营过程中，企业 CEO 极有可能因为不同的区域文化，考虑到是否需要维持与政府的合作。文化还可以通过影响企业之外人员的价值观对企业施加影响。企业不是脱离社会独自存在的，它需要与外界进行交流与合作，因而会因为外界的影响而对自身行为产生不同的反映。有学者研究发现，社会道德准则对会企业产生巨大影响（Kacperczyk and Hong，2009）。文化通过影响外部如竞争对手、合作伙伴、政府的道德标准和价值观，进而对身处其中的企业产生不可小视的作用。因此，区域文化的差异，也会对拥有政治关联与否的企业在面对 PPP 项目时的决策产生影响。

1986 年，Bourdieu 首次在其撰写的 *The Forms of Capital* 一文中提出"文化资本"概念，并对其进行了界定：文化资本的本质是包括文化能力、文化制度等在内的所有文化资源的总和。有学者进一步指出，文化资本是继物质、人力、自然资本之后的第四种资本，是最具有文化价值的财富（Throsby，1999）。结合资源诅咒效应理论，刘改芳等（2015）研究发现，在资源诅咒地区，文化资本的水平将会影响到该地区能否延缓资源诅咒效应的到来。刘学谦等（2013）通过对 40 个地级资源型城市的数据分析发现，在制度文化和精神文化比较落后的情况下，资源型城市容易出现文化堕距（Culture Lag）的状况，导致陷入资源优势陷阱，最终制约其可持续发展。

不同的区域文化也是不同的文化资本，选择区域文化因素，一方面因为它是影响企业 CEO 决策过程的重要外因，另一方面因为它会在一定程度上影响到该地区的资源诅咒效应。随着对跨文化领域研究的深入，社会心理学家已经发现社会文化深刻地影响着人们的思考方式，甚至一些基本事实的认知方式也会受到文化的影响（Ji et al.，2001；饶育蕾等，2012）。也就是说，区域文化会影响个人的决策过程，进而影响决策结果。例如，风险容忍度属于一种文化特征，企业的风险承担水平会受到当地文化的影响（Frijns et al.，2013）。

在衡量不同区域文化时，主要采用的是 GLOBE 的 9 个文化习俗维度，分别是不确定性规避（Uncertainty Avoidance）、未来导向（Future Orientation）、权力差距（Power Distance）、社会导向的集体主义（Societal Collectivism）、人际关系导向（Humane Orientation）、绩效导向（Performance Orientation）、小团体集体主义（In-group Collectivism）、性别平等（Gender Egalitarian）和恃强性（Assertiveness）。不确定性规避，指的是社会成员依赖社会规范、规则程序和规章制度等减少对未来事件的不可预期的程度；未来导向，指的是社会鼓励和奖励成员采用计划、投资未来和延迟满足等行为的程度；权力差距，指的是社会成员期待或者认可权力被不平等地在社会成员间分配的程度；社会导向的集体主义，指的是社会的制度实践在群体中，个人被整合为集体去参与群体性资源分配和行动的程度；人际关系导向，指的是社会成员鼓励和认可个人，使之利他、友善、慷慨、关心他人的程度；绩效导向，指的是社会鼓励成员追求更卓越业绩的程度；小团体集体主义，指的是个体对自己所在组织或群体忠诚或充满凝聚力的程度；性别平等，指的是社会减小性别差异和歧视的程度；恃强性，指的是在个体在社会交往中具有决断性、支配性和命令性的程度。在这些维度中，本章选取了不确定性规避、未来导向、权力差距和人际关系导向这四个维度。理由如下：

（1）不确定性规避：不确定性规避是指社会成员对不可预期的未来事件规避的程度，在这样的文化背景下，有些组织成员会通过调整个人行为来控制不确定环境（Geletkanycz，1997）。不少学者发现，高不确定性规避的员工，会尝试通过改善自己来适应动态环境的变化，使自己能够在未来处于更有利的地位，而不是逃避风险（Morrison and Phelps，1999；Baker and Carson，2011）。PPP 项目作为需要各方长期合作进行运营的项目，本书认为这种文化氛围会影响到 CEO 对 PPP 项目的不稳定性的影响，并提出如下假设：

假设 7.4　不确定性规避的文化氛围越弱，具有政治关联的企业 CEO 对 PPP 项目不稳定性影响作用越强。

（2）未来导向：指的是愿意为未来事件提前进行准备活动的程度，包括对未来进行投资。企业持有现金是为了等待未来的投资机会以应对未来的不确定性（Riddick and Whited，2009）。如果一个地区支持对未来事件进行规划的文化氛围越强，提倡看待问题时需要长远的眼光，则该地区的未来导向性越强，CEO 就会非常看重未来的投资和发展机会（张婷婷，2017）。出于长远的考虑，降低未来资金紧缺的可能性，CEO 在选择PPP 项目时会更加谨慎，因而在 PPP 项目的运营过程中对其稳定性保障的动机会进一步加强。假设如下：

假设 7.5 未来导向的文化氛围越弱，具有政治关联的企业 CEO 对 PPP 项目不稳定性的影响作用越强。

（3）权力差距：指的是权力在社会成员中被不平等分配的程度，有学者在研究文化对银行风险承受能力影响时发现，权力差距越小的国家，银行的风险承受能力越强（Ashraf et al.，2016）。因此，当权力差距的认同度越高时，政企之间的关系会更加不平等，那么作为合作的 PPP 项目，很有可能因为不平等而导致最终的破裂，从而影响到其稳定性。假设如下：

假设 7.6 该地区越认同权力差距这一文化，具有政治关联的企业 CEO 对 PPP 项目不稳定性的影响作用越强。

（4）人际关系导向：人际关系导向，简言之是对人际关系的维护，是一种利他、友善的氛围。那么对于 PPP 项目而言，如果该地区的人际关系导向比较弱，那么政府和企业之间的关系可能也不是非常友好，对于需要双方合作的项目，可能并不会为了双方的关系而去维护，不利于 PPP 项目的稳定推进。假设如下：

假设 7.7 人际关系导向的氛围越弱，具有政治关联的企业 CEO 对 PPP 项目不稳定性的影响作用越强。

7.3 研究方法与研究设计

7.3.1 研究方法

本章研究的变量主要有以下四个：两组自变量，第一组是企业 CEO 政治关联（PT），第二组是企业 CEO 先赋性政治关系（FCPTx）和后致性政治关系（FCPTz）；因变量 PPP 项目不稳定性（Violation）；调节变量市场化进程（MKT）；区域文化。为了使回归的结果更为准确，本章在已有研究和 Logit 二元回归模型的基础上，加入反映企业个体特征的控制变量：企业年龄（FirmageM）、PPP 项目数（PPPexpM）、企业周边风险（LRiskM）、企业自身风险（LRisk2M）、企业专利（TechCapM）、企业规模（SizeM）。

7.3.1.1 自变量

（1）企业 CEO 政治关联。截至目前，已有大量关于政治关联的研究，其主要的衡量方法有虚拟变量法、比例法和赋值法。其中，最主要的度量政治关联的方法是虚拟变量法（Boubakri et al.，2008）。为了衡量企业政治关联是否存在，该方法采用了定性的方式：如果该企业中至少有一位高管拥有相应的政治关联，则该企业具有政治关联，赋值为 1，否则为 0。但它存在显著缺陷，因为只是针对政治关联的存在与否来研究其对企业的影响。比例法，是在定性衡量政治关联存在的基础上，进一步通过拥有这层政治关联身份的高管占据董事会总人数的比例，来衡量其对企业的影响（罗党论等，2008；邓建平和曾勇，2009）。这种方法也存在一定的局限性，因为它没有对其政治关联背景的强弱差异进行细分。赋值法，是针对不同级别的政治关联进行级别取值，如不同类型的政府部门、人大代表和政协委员的行政层级，最终得到企业整体政治关联的不同强度，分析其带来的具体经济后果（胡旭阳，2006；邓建平和曾勇，2009；杜兴强等，2009）。现有研究普遍使用了这种方法，但该方法仍面临着如何对赋值进行标准化的问题。

综上所述，出于更加全面和客观地衡量企业政治关联的考虑，本章选用了多重维度，以企业 CEO（董事长和总经理），是否曾经在各级政府部门担任领导职务或有过工作经历，或者曾经或现在担任各级人大代表或政协委员，设置政治关联的虚拟变量，进一步分析政治关联对 PPP 项目不稳定性的影响。

通过从 PPP 项目签约企业得到的信息，在天眼查上找到该企业在项目签约时段任职的董事长和总经理。如果是上市公司的 CEO，可以在万德数据库的"董事会及管理者信息"中找到该企业董事长和总经理的简历资料，查找他（她）现在或过去是否在政府部门任职或担任人大代表、政协委员，并对相应的政治关联进行标注与编码。如果是，则证明该企业具有政治关系。如果是非上市公司的 CEO，则通过企业官网或百度搜索他们与政府之间是否存在相关联系。有政治关联的定义为 1，没有政治关联的定义为 0。又因为不同的 PPP 项目有不同数量的企业，企业通常又分别有董事长和总经理，所以按比例将每个企业的政治关联相加，汇总后作为该项目的政治关联。

（2）企业 CEO 先赋性政治关系/后致性政治关系。进一步地，关注有政治关联的企业 CEO，其是在进入该企业之前还是之后获得的这种政治关系。如果企业董事长或总经理在加入企业之前是在政府部门任职，则说明这种政治关系是先天继承的，即企业 CEO 具有先赋性政治关系，赋值为 1；如果企业董事长或总经理是在加入企业之后才选举成为人大代表或政协委员，或是在政府兼职等，则说明这种政治关系是后来达成的，即企业 CEO 具有后致性政治关系，赋值为 1。同时，像上面提到的政治关联一样，因为不同的 PPP 项目有不同数量的企业，企业分别有董事长和总经理，所以也需要按比例将每个企业的先赋性政治关系或后致性政治关系相加汇总。

7.3.1.2　因变量

PPP 项目不稳定性。通过二手数据收集到的 PPP 项目，针对所选取的所有 PPP 项目，收集它们在运营过程中是否出现过问题的相关报道信息。如果存在问题，记为"1"；如果不存在问题，记为"0"。由于 PPP 项目不稳定性是一个二分变量，因此在后续的回归处理中，本章选用的是 Logit 二元回归模型。

7.3.1.3　调节变量

（1）市场化进程。本次研究综合采用由樊纲等（2010）以及王小鲁和樊纲（2017）通过研究测算的中国各个省份的市场化进程的指标，参照其研究成果对本次研究内容进行评价。市场化指数主要由五个方面的指数来反映市场化的某一特定方面，但因为本研究中主要关注的是市场化总体的发展水平和程度，所以将市场化指数看作衡量标准。需要注意的是，因为两本书的测算数据合计涵盖的是 1997~2014 年的所有省市的市场化指数，有极小部分年份的某一项目没有被涵盖到，所以为了保证数据的真实性和准确性，按照相关的计算方法进行了补充，将所有市场化指数与 PPP 项目的签约时间、省市进行了匹配。

（2）区域文化。本次研究主要采用的是赵向阳和李海（2015）两位国内研究学者的研究方法（理论驱动的判别分析），运用他们对全国各省、自治区以及直辖市的 GLOBE 习俗文化数据，探索不同区域文化对各地 PPP 项目不稳定性的影响。他们采用 3690 份大学一年级新生的调查问卷和 5 位专家的调查问卷得到相应的实证数据，然后根据 GLOBE 研究的指导手册，将原本问卷中属于个体层面的得分整合到省份层面上，得到各个省份的数据，最后利用 GLOBE 的九个文化习俗维度来构造判别函数。因为区域文化的变化是一个非常慢速且长期的过程，每个省的区域文化具有较高的稳定性，且如前文所述，目前国内外大多学者均采用 GLOBE 文化习俗维度来对区域文化进行测量，因此，采用赵向阳与李海（2015）测量的省级层面数据进行假设验证是合理的。本次研究将 GLOBE 的不确定性规避、未来导向、权力差距和人际关系导向这四个文化维度分别与 PPP 项目的签约时间、省市进行了匹配。

7.3.1.4　控制变量

为了保证数据的全面性，在前人研究的基础上，本次研究按照已有的研究成果，将企业年龄（FirmageM）、PPP 项目数（PPPexpM）、企业周边风险（LRiskM）、企业自身风险（LRisk2M）、企业专利（TechCapM）、企业规模（SizeM）作为本次研究的控制变量。这些数据均来源于天眼查网站。

企业年龄（FirmageM）：指的是企业在项目签约时的成立年限。企业因成立的年龄不同，导致其所处的生命周期不同，对投资行为和风险承担水平也会有所差别。所以本书对企业年龄采取了一定的控制，对企业年龄的测量采用该项目签约时，所有签约企业成立年龄的平均数。

PPP 项目数（PPPexpM）：指的是企业参与过多少个 PPP 项目。因为参与 PPP 项目的数量不同，对企业在 PPP 项目运营的经验上会有些区别。数量越多，一方面，可能可以更好地运作 PPP 项目；另一方面，也可能会因为参与项目过多，而导致风险增加。所以，需要采取控制，对企业PPP 项目数的测量采用该项目所有签约企业 PPP 项目数的平均数。

企业周边风险（LRiskM）：即企业的外部风险，包括经济环境风险、政治环境风险、法律环境风险、竞争对手风险等，外部的风险也肯定会对企业 PPP 项目的运作产生影响，所以需要对其进行控制。本书对企业规模的测量采用该项目所有签约企业周边风险的平均数。

企业自身风险（LRisk2M）：即企业的内部风险，包括组织与管理风险、财务风险、人事风险、营销风险等。内部风险的不同，影响着企业自身风险承担水平，因此也需要作为控制变量。本书对企业规模的测量采用该项目所有签约企业自身风险的平均数。

企业专利（TechCapM）：即企业取得专利权的发明创造。这在一定程度上反映了一个企业的创新能力，而创新能力也受到企业投资和风险承担水平的影响。也需控制，本书对企业专利的测量采用该项目所有签约企业专利数的平均数。

企业规模（SizeM）：指的是企业的人员数量和构成、资产等方面所具有的规模。企业规模的大小对这个企业的发展也具有一定的影响力，企业规模的不同会导致企业稳定和管理上的差异。企业规模越大，运作系统的效率可能更高，管理制度更完善，稳定性也更强，所以，需要对其进行控制。本书对企业规模的测量采用该项目所有签约企业规模大小的平均数。

表 7-1　各变量定义

类型	名称		测量方法
自变量	CEO 政治关联	PT	$[(F1CPT + F1CPT2) + (F2CPT + F2CPT2) + \cdots]/FirmNum$
	CEO 先赋性政治关系	FCPTx	$[(F1CPTx + F1CPTx2) + (F2CPTx + F2CPTx2) + \cdots]/FirmNum$
	CEO 后致性政治关系	FCPTz	$[(F1CPTz + F1CPTz2) + (F2CPTz + F2CPTz2) + \cdots]/FirmNum$
因变量	PPP 项目不稳定性	Violation	二分法
调节变量	市场化进程	MKT	市场化指数
	区域文化	不确定性规避	GLOBE 习俗文化维度指数
		未来导向	GLOBE 习俗文化维度指数
		权力差距	GLOBE 习俗文化维度指数
		人际关系导向	GLOBE 习俗文化维度指数
控制变量	企业年龄	FirmageM	$(F1AGE+F2AGE+\cdots)/FirmNum$
	PPP 项目数	PPPexpM	$\ln([(企业 1 的 PPP 项目数 + 企业 2 的 PPP 项目数+\cdots)/FirmNum] + 1)$
	企业周边风险	LRiskM	$\ln([(企业 1 的周边风险 + 企业 2 的周边风险 + \cdots)/FirmNum] + 1)$
	企业自身风险	LRisk2M	$\ln([(企业 1 的自身风险 + 企业 2 的自身风险+\cdots)/FirmNum] +1)$
	企业专利	TechCapM	$\ln[(F1PATENT + F2PATENT + \cdots)/FirmNum + 1]$
	企业规模	SizeM	$(F1ASSET + F2ASSET + \cdots)/FirmNum$

7.3.2 样本选取和数据来源

本章的 PPP 项目信息来源与上一章相同,与企业相关的分支机构、注册时间、注册资本、董事长、总经理、股东等信息,来源于天眼查网站和国家企业信用信息公示系统,CEO 政治关联的相关信息来源于万德数据库、企业官网和网络新闻挖掘,与省市相关的市场化指数和区域文化分别来源于樊纲等所著的相关书籍以及赵向阳和李海(2015)的相关研究。

本章选取的研究对象是 2014 年及之前的出现过的所有 PPP 项目,但因为不仅需要收集 PPP 项目的名称、地区、签约时间等基本资料,更为重要的工作就是 PPP 项目与企业之间各项信息的匹配。本章在数据收集过程中主要分为以下几个步骤:

(1)收集在 2014 年及以前出现过的所有项目,不管是从哪个渠道获取,记录该项目的年份、名称、地区,并按年份-省市排序;

(2)以项目名称为根据,从各渠道搜寻并匹配项目的所有相关数据,包括项目级别、签约时间、动工时间、建设期、合同期限、总金额(企业投资+政府投资)、签约企业名称、主要政府部门、PPP 类型等;

(3)搜寻项目的运营进度,如发现期间 PPP 项目有出现任何问题导致没有顺利进行,记录相关的问题和信息来源;

(4)利用爬虫,在天眼查网站下载所有与企业相关的信息,包括 PPP 项目数、分支机构、周报风险、对外投资、注册时间、注册资本、股东名称及持股比例等,与每个签约企业进行匹配;

(5)通过天眼查网站、万德数据库、企业官网或百度搜索项目签约时的该企业的董事长和总经理,并查找他(她)现在或过去是否在政府部门任职或担任人大代表、政协委员的相关信息;

(6)以 PPP 项目匹配的省市地区和签约时间为依据,与从樊纲等

（2010）及王小鲁和樊纲（2017）通过研究测算的中国各个省份的市场化进程的指标相匹配，得到相应的 PPP 项目的市场化指数；

（7）以 PPP 项目匹配的省市地区和签约时间为依据，与赵向阳与李海（2015）两位国内学者研究得到的全国各省、自治区及直辖市的 GLOBE 习俗文化数据——九个不同的文化维度相匹配，得到相应的 PPP 项目的区域文化指数；

（8）对自变量、因变量、控制变量进行数据处理、编码和计算。

按照上述步骤整理搜寻到的 PPP 项目，最终数据有 601 条，其中年份最早的为 1984 年。后期对数据的描述性统计、相关性统计分析、回归分析时运用 SPSS 23.0 统计软件完成。

7.4 实证结果和分析

通过对样本的收集和整理，获取了本次研究所需数据。其中，企业年龄、PPP 项目数、企业周边风险、企业自身风险、企业专利、企业规模为控制变量，CEO 政治关联、先赋性政治关系和后致性政治关系为自变量，PPP 项目不稳定性为因变量，市场化进程和区域文化为调节变量。本章使用的数据分析软件是 IBM SPSS Statistics 23.0。在对样本进行相关检验和回归分析之前，首先对样本进行了描述性统计，包括各个变量的统计量、极小值、极大值、均值、标准差等；之后，在描述性统计的基础上，进行逻辑回归分析，并汇报回归结果。

7.4.1 描述性统计分析

描述性统计结果如下：样本总数为 601 个，出现 PPP 项目不稳定的样本有 61 个，约占 10%。总样本里，CEO 拥有政治关联的项目样本为 239 个，占 40%，说明将近一半的项目里，企业 CEO 拥有政治关联；在 PPP 项目出现不稳定情况的样本里，有 39 个样本的企业 CEO 拥有政治关联，占 64%，明显超过了半数。如果区分不同类型的政治关系，那么在拥有企业 CEO 政治关联的项目里，有 31 个项目的 CEO 既拥有先赋性政治关系，也拥有后致性政治关系；108 个项目的 CEO 拥有先赋性政治关系，99 个项目的 CEO 拥有后致性政治关系，差距不是很明显，可能政府在选择 PPP 项目的合作伙伴上，会对原先就是政府机构的官员更加信任一些。描述统计也说明了这一点，在出现不稳定情况的 PPP 项目里，拥有先赋性政治关系的有 14 个，而拥有后致性政治关系的有 18 个。

7.4.2　相关性检验

在进行回归分析之前，为了确保研究结果的准确性，本章对所有变量都进行了相关性检验，检验是否存在多重共线性的问题，结果如表 7-2 所示。

从表 7-2 可以发现，各个变量间的相关系数均介于 (−0.5，0.5)，因此该回归模型不存在多重共线性问题。其中自变量企业 CEO 政治关联 (PT) 和因变量 PPP 项目不稳定性 (Violation) 的相关系数为 0.206，并且通过了 5% 水平上的显著性检验，初步验证了企业 CEO 政治关联与 PPP 项目不稳定性之间的相关性，即企业 CEO 政治关联与 PPP 项目不稳定性呈现正相关关系；同时，如果区分政治关联的类型，拥有后致性政治关系的企业 CEO (FCPTz) 和 PPP 项目不稳定性 (Violation) 的相关系数为 0.205，同样通过了 5% 水平上的显著性检验，验证了后致性政治关系与 PPP 项目不稳定性之间的相关性，也呈现正相关关系。此外，企业周边风险 (LRiskM)、企业自身风险 (LRisk2M)、企业规模 (SizeM) 与 PPP 项目不稳定性 (Violation) 呈现出正相关关系；企业年龄 (FirmageM)、PPP

表7-2　相关系数矩阵

	PPP项目不稳定性	政治关联	先赋性政治关系	后致性政治关系	市场化进程	不确定性规避	未来导向	权力距离	人际关系导向	FirmageM	PPPexpM	LRiskM	SizeM	TechCapM	LRisk2M
PPP项目不稳定性	1														
政治关联	0.206**	1													
先赋性	0.069	0.624**	1												
后致性	0.205***	0.719***	-0.083*	1											
市场化进程	-0.098*	-0.019	0.053	-0.076	1										
不确定性规避	-0.022	0.033	0.082*	-0.033	0.500**	1									
未来导向	-0.088*	0.070	0.025	0.068	0.112**	0.246**	1								
权力距离	0.060	-0.056	-0.035	-0.052	0.070	-0.198**	-0.488**	1							
人际关系M	-0.007	0.070	0.008	0.079	0.043	0.195**	0.328**	-0.119**	1						
FirmageM	-0.105*	0.113**	-0.006	0.156**	0.191**	0.053	0.161**	0.001	0.041	1					
PPPexpM	-0.022	0.115**	0.091*	0.074	0.113**	0.021	-0.019	0.032	0.082*	0.312**	1				
LRiskM	0.092*	0.236**	0.094*	0.229**	0.147**	0.122**	0.010	0.020	-0.034	0.437**	0.316**	1			
SizeM	0.010	0.172**	0.175**	0.067	0.142**	0.053	0.006	0.042	0.001	0.151**	-0.031	0.223**	1		
TechCapM	-0.019	0.133**	0.021	0.158**	0.167**	0.122**	0.033	-0.036	0.005	0.348**	0.475**	0.535**	0.069	1	
LRisk2M	0.073	0.166**	0.018	0.199**	0.069	0.047	0.028	0.040	0.004	0.461**	0.360**	0.665**	0.175**	0.585**	1

注：*p<0.1；**p<0.05；***p<0.01。

项目数（PPPexpM）、企业专利（TechCapM）与 PPP 项目不稳定性（Violation）呈现负相关关系，这也与前文的分析相互印证，体现了控制变量选取的合理性。

7.4.3 回归分析

本章采用 SPSS 23 对模型进行 Logit 二元回归分析，验证前文的 7 个假设。回归检验的结果如表 7-3、表 7-4 所示。

表 7-3 回归结果分析

	PPP 项目不稳定性			
	模型 1	模型 2	模型 3	模型 4
截距项	−2.694*** (0.000)	−2.038*** (0.000)	−2.768*** (0.000)	−2.772*** (0.000)
FirmageM	−0.091*** (0.001)	−0.089*** (0.001)	−0.090*** (0.001)	−0.093*** (0.000)
PPPexpM	−0.007 (0.981)	−0.058 (0.837)	−0.049 (0.859)	0.036 (0.898)
LRiskM	0.218** (0.006)	0.153* (0.064)	0.203** (0.012)	0.180** (0.029)
SizeM	0.000 (0.849)	0.000 (0.644)	0.000 (0.700)	0.000 (0.894)
TechCapM	−0.160 (0.101)	−0.139 (0.163)	−0.148 (0.133)	−0.170* (0.091)
LRisk2M	0.233* (0.064)	0.235* (0.066)	0.247* (0.053)	0.200 (0.111)
CEO 政治关联		0.890*** (0.000)		
先赋性政治关系			0.446 (0.193)	
后致性政治关系				1.011*** (0.000)
LR chi2	23.772***	37.574***	25.368***	36.353***
Cox & Snell R^2	0.043	0.067	0.046	0.065
Nagelkerke R^2	0.091	0.142	0.097	0.137

注：*$p<0.1$；**$p<0.05$；***$p<0.01$。

表 7-4　回归结果分析

	PPP 项目不稳定性				
	模型 5	模型 6	模型 7	模型 8	模型 9
截距项	−2.513*** (0.000)	−2.556*** (0.000)	−2.561*** (0.000)	−2.601*** (0.000)	−2.584*** (0.000)
FirmageM	−0.084*** (0.004)	−0.092*** (0.001)	−0.078*** (0.005)	−0.089*** (0.001)	−0.086*** (0.001)
PPPexpM	−0.088 (0.764)	−0.033 (0.907)	−0.103 (0.724)	−0.209 (0.500)	−0.047 (0.868)
LRiskM	0.132 (0.119)	0.162* (0.052)	0.137 (0.108)	0.160* (0.055)	0.157* (0.059)
SizeM	0.000 (0.796)	0.000 (0.679)	0.000 (0.587)	0.000 (0.439)	0.000 (0.675)
TechCapM	−0.152 (0.151)	−0.164 (0.108)	−0.164 (0.107)	−0.176* (0.080)	−0.135 (0.183)
LRisk2M	0.246* (0.064)	0.222* (0.085)	0.229* (0.085)	0.268** (0.041)	0.212 (0.102)
CEO 政治关联（PT）	0.737*** (0.004)	0.915*** (0.000)	0.914*** (0.000)	0.921*** (0.000)	0.894*** (0.000)
市场化进程（MKT）	0.000 (0.999)				
不确定性规避		0.580 (0.729)			
未来导向			−1.079 (0.570)		
权力差距				−0.429 (0.752)	
人际关系导向					1.312 (0.469)
PT*MKT	−0.303** (0.025)				
PT* 不确定性规避		−4.861* (0.055)			
PT* 未来导向			−8.129*** (0.008)		
PT* 权力差距				5.734*** (0.003)	

续表

	PPP 项目不稳定性				
	模型 5	模型 6	模型 7	模型 8	模型 9
PT* 人际关系导向					−5.189* (0.078)
LR chi2	44.772***	41.305***	48.412***	48.639***	40.603***
Cox & Snell R²	0.082	0.074	0.086	0.086	0.073
Nagelkerke R²	0.171	0.156	0.181	0.182	0.153

注：*p < 0.1；**p < 0.05；***p < 0.01。

7.4.3.1 假设 7.1 检验

模型 1 是仅加入控制变量，对控制变量和因变量之间的关系首先进行了探讨。因变量 PPP 项目不稳定性属于二分变量，"1"表示项目出现不稳定的情况，"0"表示项目非常稳定，回归结果发现，LR chi2（6）= 23.772，Prob>chi2=0.001<0.01，通过显著性检验。由此可见，企业年龄与 PPP 项目不稳定性之间存在显著负相关关系（β=−0.091，p<0.01）；企业周边风险与 PPP 项目不稳定性之间存在正相关关系（β=0.218，p<0.05）；企业自身风险与 PPP 项目不稳定性之间存在正相关关系（β=0.233，p<0.1）。其他控制变量和 PPP 项目不稳定性之间的关系不显著，模型 1 中的 Cox & Snell R²=0.043，Nagelkerke R²=0.091。

模型 2 在控制变量的基础上，将企业 CEO 政治关联作为模型的解释变量，回归结果发现，LR chi2（7）=37.574，显著性=0.001，小于 0.01，说明模型 2 通过显著性检验。在控制变量的基础上，发现企业 CEO 政治关联和 PPP 项目不稳定性之间存在显著的正相关关系（β=0.890，p<0.01）。在此回归模型中，Cox & Snell R²=0.067，Nagelkerke R²=0.142，与模型 1 相比均有了显著提高，说明加入自变量企业 CEO 政治关联后对因变量 PPP 项目不稳定性的变化能够解释的部分增大，因而自变量的选择是有意义的，同时假设 7.1 得到了验证。

7.4.3.2 假设 7.2a、2b、2c 检验

模型 3 和模型 4 是在模型 1 的基础上，分别将先赋性政治关系和后致性政治关系作为模型的解释变量。回归结果发现，在探究先赋性政治关系对 PPP 项目不稳定性的影响时，LR chi2(7)=25.368，显著性=0.001，小于 0.01，说明模型 3 通过显著性检验，但先赋性政治关系和 PPP 项目不稳定之间不存在显著的相关关系（β=0.446，p=0.193>0.1），因此先赋性政治关系与 PPP 项目不稳定性没有显著的相关性，假设 7.2a 没有得到验证；在探究后致性政治关系对 PPP 项目不稳定性的影响时，LR chi2(7)=36.353，显著性=0.001，小于 0.01，说明模型 4 也通过了显著性检验，且发现后致性政治关系与 PPP 项目不稳定性之间存在显著的正相关关系（β=1.011，$p<0.01$），此回归模型中，Cox & Snell R^2=0.065，Nagelkerke R^2=0.137，与模型 1 相比同样有了显著提高，说明加入自变量后致性政治关系后对因变量 PPP 项目不稳定性的变化能够解释的部分也有所增加，因而自变量的选择是有意义的，假设 7.2b、2c 得到了验证。同时，结果表明，假设 7.2b 的标准化系数（1.011）比假设 7.1 的标准化系数（0.890）大，证明后致性政治关系处于更主要的地位。

7.4.3.3 假设 7.3 检验

模型 5 是在模型 2 的基础上，加入了以市场化指数作为衡量指标的调节变量——市场化进程。回归结果显示，在控制了其他变量后，企业 CEO 政治关联和市场化进程的交互项 PT*MKT 为−0.303，且在 0.05 水平上显著。表明市场化进程越不自由，越容易导致具有政治关联的企业 CEO 在 PPP 项目运营过程中出现不稳定的状况。假设 7.3 得到印证。

市场化进程对企业 CEO 政治关联和 PPP 项目不稳定性的调节作用如图 7-2 所示，可见市场化进程低的直线比市场化进程高的直线更陡，调节作用被证明。

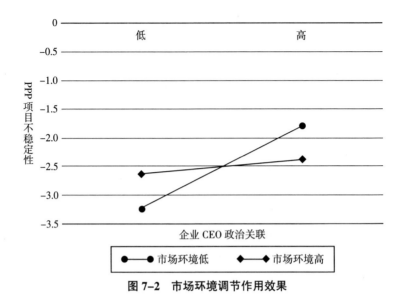

图 7-2　市场环境调节作用效果

7.4.3.4　假设 7.4 检验

模型 6 是在模型 2 的基础上，加入了区域文化的其中一个文化习俗维度——不确定性规避作为调节变量。回归结果显示，在控制了其他变量后，企业 CEO 政治关联和不确定性规避的交互项 PT* 不确定性规避为-4.861，且在 0.1 水平上显著。表明该地不确定性规避的文化氛围越弱，越容易导致具有政治关联的企业 CEO 在 PPP 项目运营过程中出现不稳定的状况。假设 7.4 得到印证。

不确定性规避对企业 CEO 政治关联和 PPP 项目不稳定性的调节作用如图 7-3 所示，可见不确定性规避低的直线比不确定性规避高的直线更陡，调节作用被证明。

7.4.3.5　假设 7.5 检验

模型 7 是在模型 2 的基础上，加入了区域文化的其中一个文化习俗维度——未来导向作为调节变量。回归结果显示，在控制了其他变量后，企业 CEO 政治关联和未来导向的交互项 PT* 未来导向为-8.129，且在 0.01 水平上显著。表明该地区的未来导向的文化氛围越弱，越容易导致

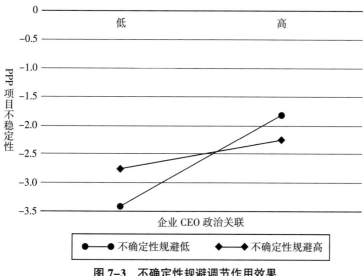

图 7-3　不确定性规避调节作用效果

具有政治关联的企业 CEO 在 PPP 项目运营过程中出现不稳定的状况。假设 7.5 得到印证。

未来导向对企业 CEO 政治关联和 PPP 项目不稳定性的调节作用如图 7-4 所示，可见未来导向低的直线比未来导向高的直线更陡，调节作

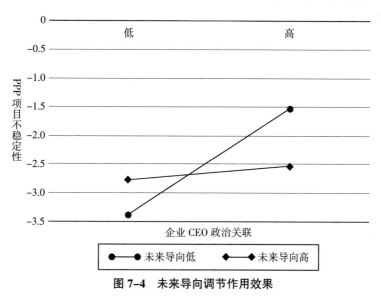

图 7-4　未来导向调节作用效果

用被证明。

7.4.3.6 假设 7.6 检验

模型 8 是在模型 2 的基础上，加入了区域文化的其中一个文化习俗维度——权力差距作为调节变量。回归结果显示，在控制了其他变量后，企业 CEO 政治关联和权力差距的交互项 PT* 权力差距为 5.734，且在 0.01 水平上显著。表明该地区越认同权力差距这一文化，越容易导致具有政治关联的企业 CEO 在 PPP 项目运营过程中出现不稳定的状况。假设 7.6 得到印证。

权力差距对企业 CEO 政治关联和 PPP 项目不稳定性的调节作用如图 7-5 所示，可见权力差距高的直线比权力差距低的直线更陡，调节作用被证明。

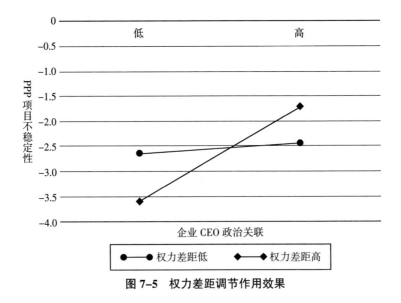

图 7-5　权力差距调节作用效果

7.4.3.7 假设 7.7 检验

模型 9 是在模型 2 的基础上，加入了区域文化的其中一个文化习俗维度——人际关系导向作为调节变量。回归结果显示，在控制了其他变量后，企业 CEO 政治关联和人际关系导向的交互项 PT* 人际关系导向为−5.189，且在 0.1 水平上显著。表明该地区人际关系导向越弱，越容易导致具有政治关联的企业 CEO 在 PPP 项目运营过程中出现不稳定的状况。假设 7.7 得到印证。

人际关系导向对企业 CEO 政治关联和 PPP 项目不稳定性的调节作用如图 7-6 所示，可见人际关系导向低的直线比人际关系导向高的直线更陡，调节作用被证明。

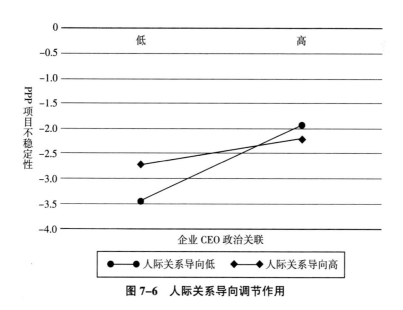

图 7-6　人际关系导向调节作用

表 7-5　假设检验结果汇总

假设	假设陈述	实证结果
H7.1	具有政治关联的企业 CEO 更容易导致 PPP 项目的不稳定	支持
H7.2a	企业 CEO 的先赋性政治关系与 PPP 项目不稳定性有正向相关关系	不支持
H7.2b	企业 CEO 的后致性政治关系与 PPP 项目不稳定性有正向相关关系	支持
H7.2c	在同等条件下，CEO 的后致性政治关系比先赋性政治关系对 PPP 项目不稳定性的影响更大	支持
H7.3	在市场化程度相对比较高的地区，具有政治关联的企业 CEO 对 PPP 项目不稳定性的影响作用会有所减弱	支持

续表

假设	假设陈述	实证结果
H7.4	不确定性规避的文化氛围越弱，越容易导致具有政治关联的企业 CEO 在 PPP 项目运营过程中出现不稳定的状况	支持
H7.5	未来导向的文化氛围越弱，越容易导致具有政治关联的企业 CEO 在 PPP 项目运营过程中出现不稳定的状况	支持
H7.6	该地区越认同权力差距这一文化，越容易导致具有政治关联的企业 CEO 在 PPP 项目运营过程中出现不稳定的状况	支持
H7.7	人际关系导向的氛围越强，越容易导致具有政治关联的企业 CEO 在 PPP 项目运营过程中出现不稳定的状况	支持

7.5 本章小结

本章在梳理相关研究结果的基础上，基于资源诅咒效应理论，以 2014 年及以前的中国 PPP 项目为研究对象，建立回归模型，在控制了企业年龄、PPP 项目数、企业周边风险、企业自身风险、企业专利和企业规模的情况下，构建了 CEO 政治关联对 PPP 项目不稳定性的影响，同时检验了基于中国特色的市场化进程和区域文化对主效应的调节效应。具体结论如下：

CEO 政治关联与 PPP 项目不稳定性的回归结果表明，二者之间呈现明显的正相关关系。如同国内外众多关于政治关联的文献研究得出的结论——拥有政治关联的企业更容易导致过度投资和风险承担水平下降一样，本次研究发现，拥有政治关联的 CEO，更容易导致 PPP 项目出现各类不稳定的情况。基于资源诅咒效应，政治资源虽能使企业获得更快的发展，但也会因寻求政治资源、付出相应寻租成本、扭曲企业投资行为而给企业带来一些负面影响。如果一家企业的 CEO 拥有一些政治上的关系，那么他在 PPP 项目的竞标和运营过程中，可能会受到来自政府方面的影响，比如为了维系与政府之间的关系，没有量力而行，而强行去申请一些 PPP 项目，过度对其投资；但同时因为企业自身的能力无法满足长期运营该项目的需求，导致项目在后面的运营过程中出现了问题。因此，CEO 拥有政治关联，也许对 PPP 项目来说并不是一件好事。

在区分政治关系类型的情况下，先赋性政治关系和后致性政治关系对 PPP 项目的影响存在明显差异——回归结果表明，CEO 的先赋性政治关系对 PPP 项目不稳定性没有显著影响，而后致性政治关系对 PPP 项目不稳定性有正向作用，更容易导致 PPP 项目违约。此结论说明，不同类型的政治关系类型确实对 PPP 项目存在不同的影响。拥有先赋性政治关系的 CEO，会因为自身有着很深的政治根基，跟政治官员之间存在着信任和忠诚，虽然可能会受到政府的影响而投资一些项目，但出于政府和企业两方面的利益考虑，同时为了达到社会公众对他们的道德要求和维持原有的社会声誉，愿意履行相应的社会责任，保证 PPP 项目的正常运行，从而获得政府的支持和社会的认可。而拥有后致性政治关系的 CEO，因为他们和政府建立政治关系的目的主要是获取更多资源、进入一些高壁垒行业，考虑的是企业的成本和利益，因此他们维持原有声誉的动机相对较弱，对 PPP 项目的后期运营并不会非常重视。另外，有些具有后致性政治关系的企业 CEO 为了维系这得来不易的政治关系，达到政府的期望，借此巩固自身的政治地位，会主动或被迫投资一些并不是企业本身擅长的 PPP 项目，或者过度投资 PPP 项目，导致在项目的运营过程中，因为自身风险承担水平下降而出现一系列的问题，增加了 PPP 项目不稳定的人为因素。

本章对市场化进程的调节作用进行了验证，市场化进程作为调节变量，探讨了其与 CEO 政治关联的交互作用对 PPP 项目不稳定性的影响。结果显示，市场化进程对 CEO 政治关联与 PPP 项目不稳定性之间的关系有显著负向调节作用；市场化指数越低，拥有政治关联的 CEO 越容易导致 PPP 违约情况的发生。我国因为社会经济发展不均衡，所以各个地区的制度水平影响下的市场化进程也有所区别。我国特殊的政治制度背景致使有些地方的政府依然想要干预当地企业的发展。而对有政治关联的企业来说，政府对其干预的成本会更低一些。因此，在市场化程度比较低的地区，政府比市场拥有更强的资源配置能力，企业会为了获得需要的资源，受到政府的保护，去建立和发展与政府部门的关系，通过满足政府的需求来发展与壮大自身，但也往往更容易出现过度投资的现象，不利于 PPP 项目的稳定推进。反过来说，在市场化程度比较高的地区，非国有化经济发展也会比较快，企业受政府干预的影响较小，在一定程度上降低企业建立政治关联的动机。

本章同时对区域文化的调节作用进行了验证，区域文化作为调节变量，探讨了不同文化习俗维度与 CEO 政治关联的交互作用对 PPP 项目不稳定性的影响。结果显示，不确定性规避、未来导向、权力差距和人际关系导向四个指标均对二者之间的关系进行了显著调节。

不确定性规避和未来导向负向调节 CEO 政治关联与 PPP 项目不稳定性之间的关系：由前文可知，不确定性规避是避免未知带来的不确定的影响，努力把控当下，而未来导向是鼓励以追求未来回报为导向，体现社会对未来的重视程度。PPP 项目不是一步到位就能获得成功的，它需要企业长期维持运作的项目，需要时常居安思危。不确定性规避和未来导向指数越低，说明整个地区的文化氛围是以当前利益为主要目标，那么受到这种文化影响的企业，更多只是着眼于短期的利益。拥有政治关联的 CEO，可能只是基于和政府当下的重要关系和眼前利益而投资了一些 PPP 项目，却没有对整个项目的长期运作进行合理估量，从而影响到 PPP 项目的后期发展，对其稳定性埋下一定隐患。

权力差距则正向调节 CEO 政治关联与 PPP 项目不稳定性之间的关系：权力差距的指数越高，说明整个地区是以不平等的关系为主要的文化氛围。而政府一般来说都是处在主导地位，如果企业和政府之间的地位不平等，那么拥有政治关联的 CEO，出于对政府的敬畏之情，更容易受政府的显性或隐性的影响去投资和运作一些也许力不能及的 PPP 项目，从而无法保证 PPP 项目持续的稳定性。

人际关系导向负向调节 CEO 政治关联与 PPP 项目不稳定性之间的关系：与权力差距相反，人际关系导向更看重的是人与人之间的和谐，因此在这样的氛围下，考虑到维护彼此之间的关系，对合作的 PPP 项目，政企双方之间都愿意维持并推进其稳定的运行。

第8章　结论与展望

8.1　本书的研究结论

随着 PPP 项目从 2014 年出现井喷式的增长，到增速放慢并逐渐趋于稳定，国家为此出台了相当多的政策来为 PPP 项目的顺利运营保驾护航。在鼓励发展 PPP 项目的同时，国家也出于之前 PPP 项目运营过程中出现了不少的违规问题，而希望通过这几年的整顿来实现其规范化。因此，探究 PPP 项目的风险与稳定性至关重要。PPP 项目具有投资额较大、周期长、参与方多、不确定性强、风险大等特点，因而主体利益协调极为困难。任何一方都期望自己的利益诉求在契约签订的过程中能得到保证，而契约安排体现了参与者的决策偏好。因此研究决策者的决策偏好及过程对契约的合理制定，解决参与方间利益冲突有着决定性影响，这也是本书关注的问题。

本书考虑决策者有限理性，综合运用行为科学理论、高阶理论、博弈论、决策论、信息经济学等多种理论和方法，研究了 PPP 项目实践中遇到的参与方间利益冲突问题。基于形成有限理性的内因和外因，结合理论与实证两个层面，研究了两类因素对利益协调中核心问题决策的影响。主要结论如下：

首先，本书对 PPP 项目的特征和应用背景进行归纳总结，揭示了项目运作风险及困难的根源，围绕主要参与方间的利益冲突重点分析了其间的合同关系和利益协调过程中的难点，并从 PPP 项目的特点出发，剖析了影响利益协调中决策问题的因素。认为仅从合同关系角度进行激励机制设计并不能完全有效地解决项目参与方间的冲突，而应充分考虑决策者的有限理性，引入在实际情景中影响决策结果的行为变量，才能真正有效地协调参与方间的利益矛盾。

其次，本书从"有限理性"论中"非理性"行为产生机制出发，对个体决策过程中受到的"有限"制约进行了总结与归纳。认为对决策结果产生影响的除了决策者个体内在因素，如情感、心智、认知、动机、目标等要素外，外界环境也可通过作用于个体的内在因素对其决策结果产生影响，因此借鉴认知心理学、社会心理学和战略管理的相关成果，对 PPP 项目利益协调中的核心决策问题进行了探讨，找到其中可能产生作用的因素，研究其对决策结果的影响，具体内容可概括为如下四个方面：

第一，在 BOT 项目特许权期确定的情形下，工期越短意味着项目公司对项目的运营期越长，项目公司往往会将项目委托给一个承包商来建设，此时项目公司和承包商的关系变成委托人和代理人的关系。在委托—代理关系中，最为突出的矛盾是承包商的努力水平不可观测，当两者利益诉求不同时，承包商不会按照项目公司的利益目标选择施工水平，而是选择一种可以最大化自己利益水平的施工效率，委托人需以契约的形式对其进行激励，使工程项目在满足质量要求的前提下可以提早完工。代理人过度自信已被很多领域的学者们所证实，本书运用委托—代理模型，研究在总承包商过度自信情形下的最优激励合同，并且针对委托人同样可能出现的行为风险引入解聘补偿机制，通过求解模型得出了和以往委托—代理框架下考虑过度自信文献中不完全相同的结论，有助于深化对过度自信及其影响作用的理解，并证实了解聘补偿机制可有效地抑制委托人的违约风险。

第二，除了有限理性内因的影响，本书还针对政府官员在 PPP 项目中外部环境因素对其决策的影响进行了研究，政府决策官员面临个体利益和公众利益的抉择困境，并可能因此将额外的风险转嫁给私营企业。本书针对这一问题展开研究。本书区分政府和政府官员的概念，从政府官员个体特征的角度出发，研究其自身特征在外界影响作用下，通过增强主体决策矛盾性放大企业的风险性。研究其自身特征和外界影响两方面因素对其决策过程的影响，对 PPP 项目的决策问题进行了更贴近现实的探讨，研究结论有助于加深理解来自政府的风险，为降低政府风险提供了思路。

第三，现有的文献对于 PPP 项目在中国情景下的研究，往往以国家整体宏观环境为背景，但由于中国幅员辽阔，民族众多，各个地域在制度环境方面差异性较大，因此本书在以政府官员个人特征为切入点的基础上，结合不同地级市环境因素如廉政程度和不确定性规避文化，探究政府官员背景特征对 PPP 项目稳定性的影响，以及廉政程度和不确定性规避程度对于二者作用的调节效应，并进行稳健性检验。根据研究结论，提出切合实际的建议，以保证 PPP 项目的稳定性逐步提升。

第四，除了考虑政府官员个体特征对 PPP 项目可能的影响，本书同样对企业 CEO 个体特征进行了研究。本书深入分析了企业 CEO 政治关联对 PPP 项目稳定性的作用机理，通过实证研究，一方面论证了企业 CEO 政治关联会对 PPP 项目产生负面影响，另一方面也发现不同市场化程度和区域文化维度下，企业 CEO 政治关联对 PPP 项目产生的影响，为政企合作提供了经验证据。

8.2　后续研究展望

本书针对 PPP 项目中的有限理性决策进行了研究，从导致有限理性的内因和外因两方面探讨了"非理性"因素对决策过程和决策结果的影响，阐述了各方利益矛盾、合同关系及协调难点，在现有契约协调的基础上，引入影响决策的行为变量，提高契约协调的真实性和有效性，得到了一些富有创新性的理论成果。但从目前的研究结论来看，还存在如下可以继续改进与深化的课题，有待进一步研究和讨论。

（1）进一步完善模型的假设，本书在模型构建的过程中考虑了较为重要的行为变量，并没有同时考虑多种变量同时作用的结果，后续研究可以借鉴现有的实验和实证研究，更合理地利用行为科学的理论成果，使 PPP 项目决策研究的思路与方法更为丰富与开阔。

（2）本书在研究缔约方的契约条款时，只研究了其中一种，可能忽略了其他方面的冲突，如项目公司和总承包商间就工期激励问题不仅是时间的冲突，可能还带来项目质量方面的冲突，后续研究中应综合考虑多种冲突因素，进行更为全面综合的研究。

（3）虽然本书在实证研究方面已对变量进行了最大程度的考虑，但难免还有疏漏，二手数据的局限性在所难免，在未来的研究中需通过文献与调研找出更多的影响因素，尽可能全面地发掘有限理性的影响因素。

参考文献

［1］Aidt T S. Corruption, institutions, and economic development ［J］. Oxford Review of Economic Policy, 2009, 25 （2）: 271-291.

［2］Alesina A F, Troiano U, Cassidy T. Old and Young Politicians ［R］. National Bureau of Economic Research, 2015.

［3］Algarni A M, Arditi D, Polat G. Build-Operate-Transfer in infrastructure projects in the United States ［J］. Journal of Construction Engineering and Management, 2007, 133 （10）: 728-735.

［4］Alpert M, Raiffa H. A Progress Report on the Training of Probability Assessors. In Kahneman D, Slovic P, Tversky A, eds. Judgment under Uncertainty: Heuristic and Biases ［M］. Cambridge: Cambridge University Press, 1982.

［5］Ashraf B N, Zheng C, Arshad S. Effects of national culture on bank risk-taking behavior ［J］. Research in International Business & Finance, 2016 （37）: 309-326.

［6］Atkinson G, Hamilton K. Savings, growth and the resource curse hypothesis ［J］. World Development, 2003, 31 （11）: 1793-1807.

［7］Auty R M. Mineral wealth and the economic transition: Kazakstan ［J］. Resources Policy, 1998, 24 （24）: 241-249.

［8］Auty R M. Natural resources, capital accumulation and the resource curse [J]. Ecological Economics, 2007, 61 (4): 627-634.

[9] Auty R M. Sustaining Development in Mineral Economics: the Resource Curse Thesis [M]. London: Routledge, 1993.

[10] Baker D S, Carson K D. The two faces of uncertainty avoidance: Attachment and adaptation [J]. Journal of Behavioral & Applied Management, 2011, 12 (1): 128-141.

[11] Baland J M, Francois P. Rent-seeking and resource booms [J]. Journal of Development Economics, 2000, 61 (2): 527-542.

[12] Ball R, Robin A, Wu J S. Incentives versus standards: properties of accounting income in four East Asian countries [J]. Journal of Accounting and Economics, 2003, 36 (1-3): 235-270.

[13] Barber B M, Odean T. Boys will be boys: Gender, overconfidence, and common stock investment [J]. Quarterly Journal of Economics, 2001, 116 (1): 261-292.

[14] Beck P J, Maher M W. A comparison of bribery and bidding in thin markets [J]. Economics letters, 1986, 20 (1): 11-15.

[15] Berle A A, Means G. The modern corporation and private property [M]. Transaction Publishers, 1991.

[16] Bertrand M, Schoar A. Managing with style: the effect of managers on firm policies [J]. Quarterly Journal of Economics, 2003, 118 (4): 1169-1208.

[17] Beugelsdijk S, Frijns B. A cultural explanation of the foreign bias in international asset allocation [J]. Journal of Banking and Finance, 2010, 34 (9): 2121-2131.

[18] Bhanji Z, Oxley J E. Overcoming the dual liability of foreignness and privateness in international corporate citizenship partnerships [J]. Journal

of International Business Studies, 2013, 44 (4): 290-311.

[19] Boisot M, Child J. From fiefs to clans and network capitalism: explaining China's emerging economic order [J]. Administrative Science Quarterly, 1996, 41 (4): 600-628.

[20] Bond M H, Chi M Y. Values and moral behavior in mainland China [J]. Psychologia an International Journal of Psychology in the Orient, 1997, 40 (4): 251-264.

[21] Boubakri N, Cosset J C, Saffar W. Political connections of newly privatized firms [J]. Journal of Corporate Finance, 2008, 14 (5): 654-673.

[22] Brollo F, Nannicini T, Perotti R, et al. The Political Resource Curse [J]. Cepr Discussion Papers, 2013, 103 (5): 1759-1796.

[23] Camerer C. Bounded rationality in individual decision making [J]. Experimental Economics, 1998, 1 (2): 163-183.

[24] Cartier-Bresson. J. Economics of corruption [M]. The OECD Observer, 2000.

[25] Cattell R. The principal culture patterns discoverable in the syntax dimensions of existing nations [J]. Journal of Social Psychology, 1950, 32 (2): 215-253.

[26] Chen C J P, Li Z, Su X, et al. Rent-seeking incentives, corporate political connections, and the control structure of private firms: Chinese evidence [J]. Journal of Corporate Finance, 2011, 17 (2): 229-243.

[27] Chen C, Doloi H. BOT application in China: driving and impeding factors [J]. International Journal of Project Management, 2008, 26 (4): 388-398.

[28] Chen C. Can the pilot BOT Project provide a template for future projects? A case study of the Chengdu No.6 Water Plant B Project [J].

International Journal of Project Management, 2009, 27 (6): 573-583.

［29］ Child J, Tse D K. China's transition and its implications for inter-national business ［J］. Journal of International Business Studies, 2001, 32 (1): 5-21.

［30］ Conner M, Sparks P. Ambivalence and attitudes ［J］. European Review of Social Psychology, 2002, 12 (1): 37-70.

［31］ Cyert R M, March J G. A Behavioral Theory of the Firm ［M］. Englewood Cliffs, 1963.

［32］ Daniel K, Paul S, Amos T. 不确定状况下的判断——启发式和偏差 ［Z］. 方文, 吴新利, 张擘译. 北京: 中国人民大学出版社, 2008.

［33］ Daniel S J, Cieslewicz J K, Pourjalali H. The impact of national economic culture and country-level institutional environment on corporate gov-ernance practices ［J］. Management International Review, 2012, 52 (3): 365-394.

［34］ De Bondt W F, Thaler R H. Financial decision-making in markets and firms: A behavioral perspective ［J］. Handbooks in Operations Research and Management Science, 1994 (9): 385-410.

［35］ Deephouse D L. Media reputation as a strategic resource: an inte-gration of mass communication and resource-based theories ［J］. Journal of Management, 2000, 26 (6): 1091-1112.

［36］ Dickson B J. Red capitalists in China: the party, rrivate en-trepreneurs, and prospects for political change ［J］. Business History Review, 2004, 77 (4): 187-818.

［37］ Dong B, Torgler B. Causes of corruption: Evidence from China ［J］. China Economic Review, 2013 (26): 152-169.

［38］ Dutton J E, Jackson S E. Categorizing strategic issues: links to organizational action [J]. Academy of Management Review, 1987, 12 (1): 76-90.

[39] Easterly W. Inequality does cause underdevelopment: insights from a new instrument [J]. Journal of Development Economics, 2007, 84 (2): 755-776.

[40] Edwards W. Behavioral decision theory [J]. Annual Review of Psychology, 1961, 12 (1): 473-498.

[41] Eisenhardt K M, Schoonhoven C B. Organizational growth: linking founding team, strategy, environment, and growth among US semiconductor ventures, 1978-1988 [J]. Administrative Science Quarterly, 1990, 35 (3): 504-529.

[42] Etgar R A, Leblanc L J. Scheduling projects to maximize net present value-the case of time-dependent, contingent cash flows [J]. European Journal of Operational Research, 1997, 96 (1): 90-96.

[43] Evans P. Embedded Automony: States and Industrial Transformation [M]. NJ: Princeton University Press, 1995.

[44] Faccio M, Lang L H P. The ultimate ownership of Western European corporations [J]. Journal of Financial Economics, 2004, 65 (3): 365-395.

[45] Faccio M. Differences between politically connected and nonconnected firms: a cross-country analysis[J]. Financial Management, 2010, 39 (3): 905-927.

[46] Faccio M. Politically connected firms [J]. American Economic Review, 2006, 96 (1): 369-386.

[47] Fang H, Moscarini G. Overconfidence, morale and wage-setting policies [R]. Connecticut: Yale University, 2002.

［48］ Festinger L. A theory of social comparison processes ［J］. Human Relations, 1954, 7（2）: 117-140.

［49］ Finkelstein S, Hambrick D C. Strategic Leadership: Top Executives and Their Effects on Organizations ［M］. Minneapolis: West Publishing, 1996.

［50］ Fischhoff B, Slovic P, Lichtenstein S. Knowing with certainty: The appropriateness of extreme confidence ［J］. Journal of Experimental Psychology: Human Perception and Performance, 1977, 3（4）: 552.

［51］ Fisman R. Estimating the value of political connections ［J］. American Economic Review, 2001, 91（4）: 1095-1102.

［52］ Fong C T. The effects of emotional ambivalence on creativity ［J］. Academy of Management Journal, 2006, 49（5）: 1016-1030.

［53］ Frijns J, Hofman J, Nederlof M. The potential of（waste）water as energy carrier ［J］. Energy Conversion & Management, 2013, 65（1）: 357-363.

［54］ García-Herrero A, Gavilá S, Santabárbara D. China's banking reform: an assessment of its evolution and possible impact ［J］. CESifo Economic Studies, 2006, 52（2）: 304-363.

［55］ Geletkanycz M A. The salience of culture's consequences: the effects of cultural values on top executive ［J］. Strategic Management Journal, 1997, 18（8）: 616-635.

［56］ Gervais S, Goldstein I. Overconfidence and team coordination ［J］. Rodney L White Center For Financial Research-Working Papers, 2004.

［57］ Ghosh M, John G. Experimental evidence for agency models of sales force compensation ［J］. Marketing Scienc, 2000, 19（4）: 348-365.

［58］ Goel A M, Thakor A V. Overconfidence, CEO selection, and corporate governance ［J］. The Journal of Finance, 2008, 63 (6): 2737-2784.

［59］ Goel R K, Nelson M A. Causes of corruption: history, geography and government ［J］. Journal of Policy Modeling, 2010, 32 (4): 433-447.

［60］ Granovetter M. Economic action and social structure: the problem of embeddedness ［J］. American Journal of Sociology, 1985, 91 (3): 481-510.

［61］ Greene W H. Econometric analysis 4th edition ［Z］. Macmillan, 2000.

［62］ Griffin D W, Guedhami O, Kwok C C Y, et al. National culture, corporate governance practices, and firm performance ［J］. SSRN Electronic Journal, 2014.

［63］ Grimsey D, Lewis M K. Evaluating the risks of public private partnerships for infrastructure projects ［J］. International Journal of Project Management, 2002, 20 (2): 107-118.

［64］ Gylfason T. Nature, power and growth ［J］. Scottish Journal of Political Economy, 2001, 48 (5): 558-588.

［65］ Haas M R, Park S. To share or not to share? Professional norms, reference groups, and information withholding among life scientists ［J］. Organization Science, 2010, 21 (4): 873-891.

［66］ Hackbarth D. Managerial traits and capital structure decisions ［J］. Journal of Financial and Quantitative Analysis, 2008, 43 (4): 843-881.

［67］ Hambrick D C, Mason P A. Upper echelons: the organization as a reflection of its top managers ［J］. Social Science Electronic Publishing, 1984, 9 (2): 193-206.

［68］ Harrist S. A phenomenological investigation of the experience of ambivalence [J]. Journal of Phenomenological Psychology, 2006, 37 (1): 85–114.

[69] Has R G, Katz I, Rizzo N, et al. When racial ambivalence evokes negative affect, using a disguised measure of mood [J]. Personality and Social Psychology Bulletin, 1992, 18 (6): 786–797.

[70] Hillman A J, Hitt M A. Corporate political strategy formulation: a model of approach, participation, and strategy decisions [J]. Academy of Management Review, 1999, 24 (4): 825–842.

[71] Hillman A J. Politicians on the board of directors: do connections affect the bottom line [J]. Management, 2005, 31 (3): 464–481.

[72] Hodler R, Paul A. Raschky economic shocks and civil conflict at the regional level [J]. Economics Letters, 2014, 124 (3): 323–538.

[73] Hodler R, Raschky P A. Regional favoritism [J]. The Quarterly Journal of Economics, 2014, 129 (2): 995–1033.

[74] Hofstede G. Culture and organizations [J]. International Studies of Management & Organization, 1980, 10 (4): 15–41.

[75] Hofstede G. Culture's consequences: comparing values, behaviors, institutions and organizations across nations [M]. Sage publications, 2001.

[76] Hsee C K. The evaluability hypothesis: an explanation for preference reversals between joint and separate evaluations of alternatives [J]. Organizational Behavior and Human Decision Processes, 1996, 67 (3): 247–257.

[77] Huntington H B. Driving forces for thermal mass transport [J]. Journal of Physics and Chemistry of Solids, 1968, 29 (9): 1641–1651.

[78] Hwang, B G, Zhao X B, Ng S Y. Identifying the critical factors affecting schedule performance of public housing projects [J]. Habitat International, 2013, 38 (38): 214–221.

[79] Jain A K. Corruption: a review [J]. Journal of Economic Surveys, 2001, 15 (1): 71-121.

[80] Janis I L, Fader R. Language of Politics [M]. Cambridge, MA: MIT Press, 1965.

[81] Hainmueller J. Entropy balancing for causal effects: A multivariate reweighting method to produce balanced samples in observational studies [J]. Political Analysis, 2012 (20): 25-46.

[82] Ji L J, Nisbett R E, Su Y. Culture, change, and prediction [J]. Psychological Science, 2001 (12): 450-456.

[83] Jin H, Qian Y, Weingast B R. Regional decentralization and fiscal incentives: federalism, chinese style [J]. Journal of Public Economics, 2005 (89): 1719-1742.

[84] Jonas K, Broemer P, Diehl M. Attitudinal ambivalence[J]. European Review of Social Psychology, 2000, 11 (1): 35-74.

[85] Jonas K, Diehl M, Brömer P. Effects of attitudinal ambivalence on information processing and attitude-intention consistency[J]. Journal of Experimental Social Psychology, 1997, 33 (2): 190-210.

[86] Kacperczyk M T, Hong H G. The price of sin: the effects of social norms on markets [J]. Social Science Electronic Publishing, 2009, 93 (1): 15-36.

[87] Kahalas H, Groves D. An exploration of graduate business students values [J]. Journal of Industrial Psychology, 1979 (6): 18-24.

[88] Kahneman D, Tversky A. Prospect theory: an analysis of decision under risk [J]. Econometrica: Journal of the Econometric Society, 1979, 47 (2): 263-291.

[89] Kaufmann, D. Economic corruption: the facts [J]. Foreign Policy,

1997, 107 (Summer): 114-134.

[90] Krueger A O. The 1974 Report of the president's council of economic advisers: international Issues [J]. American Economic Review, 1974, 64 (4): 523-534.

[91] Lam K C, Chow W S. The significance of financial risks in BOT procurement [J]. Building Research & Information, 1999, 27 (2): 84-95.

[92] Lambropoulos S. The use of time and cost utility for construction contract award under European Union Legislation [J]. Building and environ-ment, 2007, 42 (1): 452-463.

[93] Langer E J. The illusion of control [J]. Journal of Personality and Social Psychology, 1975, 32 (2): 311-328.

[94] Lazear E, Rosen S. Rank-ordered tournaments as optimal labor contracts [J]. Journal of Political Economy, 1981 (89): 841-864.

[95] Leff N H. Economic development through bureaucratic corruption [J]. American Behavioral Scientist, 1964, 8 (3): 8-14.

[96] Li B. Risk management of construction public private partnership projects [D]. Glasgow Caledonian University, 2003.

[97] Li H, Zhou L A. Political turnover and economic performance: the incentive role of personnel control in China [J]. Journal of Public Economics, 2005, 89 (9-10): 1743-1762.

[98] Lin N. Capitalism in China: a centrally managed capitalism (CMC) and its future [J]. Management & Organization Review, 2011, 7 (1): 63-96.

[99] Loosemore M, Raftery J, Reilly C, Higgon D. Risk Management in Projects [M]. London: Taylor & Francis, 2006.

[100] Lui F T. An equilibrium queuing model of bribery [J]. Journal of

Political Economy, 1985, 93 (4): 760-781.

[101] Maio G R, Greenland K, Bernard M, et al. Effects of intergroup ambivalence on information processing: the role of physiological arousal [J]. Group Processes & Intergroup Relations, 2001, 4 (4): 355-372.

[102] March J G, Olsen J P, Christensen S. Ambiguity and choice in organizations [M]. Universitetsforlaget Bergen, 1976.

[103] Mauro P. Corruption and growth [J]. The Quarterly Journal of Economics, 1995, 110 (3): 681-712.

[104] Mehlum H, Moene K, Torvik R. Institutions and the resource curse [J]. Economic Journal, 2006, 116 (508): 1-20.

[105] Mikosch H F, Somogyi F S. Individuals vs. Institutions. The impact of political leaders' education and profession on public deficits [R]. ETH Zurich, 2009.

[106] Mintzberg H, Raisinghani D, Theoret A. The structure of "unstructured" decision processes [J]. Administrative Science Quarterly, 1976, 21(2): 46-275.

[107] Moe R C. The emerging federal quasi government: issues of management and accountability [J]. Public Administration Review, 2001, 61(3): 290-309.

[108] Moessinger M D. Do personal characteristics of finance ministers affect the development of public debt? [R]. ZEW-Centre for European Economic Research Discussion Paper. No.12-068, 2012.

[109] Morrison E W, Phelps C C. Taking charge at work: extra role efforts to initiate workplace change [J]. Academy of Management Journal, 1999, 42 (4): 403-419.

[110] Nag R, Corley K G, Gioia D A. The intersection of organiza-

tional identity, knowledge, and practice: attempting strategic change via knowledge grafting [J]. Academy of Management Journal, 2007, 50 (4): 821-847.

[111] Nakano M, Nguyen P. Board size and corporate risk taking: further evidence from Japan [J]. Corporate Governance an International Review, 2012, 20 (4): 369-387.

[112] Oreg S, Sverdlik N. Ambivalence toward imposed change: the conflict between dispositional resistance to change and the orientation toward the change agent [J]. Journal of Applied Psychology, 2011, 96 (2): 337-349.

[113] Oskamp S. Overconfidence in case-study judgments [J]. Journal of Consulting Psychology, 1965, 29 (3): 261-265.

[114] Papyrakis E, Gerlagh R. Resource abundance and economic growth in the United States [J]. European Economic Review, 2007, 51 (4): 1011-1039.

[115] Paredes T A. Too much pay, too much deference: behavioral corporate finance, CEOs, and corporate governance [J]. Fla. St. UL Rev, 2004 (32): 673-762.

[116] Peng M W, Heath P S. The growth of the firm in planned economies in transition: institutions, organizations, and strategic choice [J]. Academy of Management Review, 1996, 21 (2): 492-528.

[117] Peng M W, Luo Y. Managerial ties and firm performance in a transition economy: the nature of a micro-macro link [J]. Academy of Management Journal, 2000, 43 (3): 486-501.

[118] Piderit S K. Rethinking resistance and recognizing ambivalence: a multidimensional view of attitudes toward an organizational change [J]. Academy of Management Review, 2000, 25 (4): 783-794.

［119］ Plambeck N, Weber K. CEO ambivalence and responses to strate-gic issues ［J］. Organization Science, 2009, 20 (6): 993-1010.

［120］ Plambeck N, Weber K. When the glass is half full and half emp-ty: CEOs' ambivalent interpretations of strategic issues ［J］. Strategic Manage-ment Journal, 2010, 31 (7): 689-710.

［121］ Pollock T G, Rindova V P. Media legitimation effects in the mar-ket for initial public offerings ［J］. Academy of Management Journal, 2003, 46 (5): 631-642.

［122］ Ralston D A, Yu K C, Wang X, Terpstra R H, He W. The cosmopolitan chinese manager: findings of a study on managerial values across six regions of China［J］. Journal of International Management, 1996(2): 79-109.

［123］ Ramirez A, Tadesse S. Corporate cash holdings, uncertainty avoid-ance, and the multinationality of firms ［J］. International Business Review, 2009, 18 (4): 387-403.

［124］ Rao R S, Chandy R K, Prabhu J C. The fruits of legitimacy: why some new ventures gain more from innovation than others ［J］. Journal of Marketing, 2008, 72 (4): 58-75.

［125］ Riddick L A, Whited T M. The corporate propensity to save ［J］. Social Science Electronic Publishing, 2009, 64 (4): 1729-1766.

［126］ Rindfleisch A, Moorman C. The acquisition and utilization of in-formation in new product alliances: A strength-of-ties perspective ［J］. Journal of Marketing, 2001, 65 (2): 1-18.

［127］ Robbins S P, Judge T A. Essentials of Organizational Behavior［M］. Pearson/Prentice Hall, 2005.

［128］ Roll R. The hubris hypothesis of corporate takeovers ［J］. Journal of Business，1986，59（2）：197-216.

［129］ Ronen S，Shenkar O. Clustering countries on attitudinal dimen-sions：A review and synthesis ［J］. Academy of Management Review，1985，3（10）：435-454.

［130］ Rudolph T J，Popp E. An information processing theory of am-bivalence ［J］. Political Psychology，2007，28（5）：563-585.

［131］ Shane S. Uncertainty avoidance and the preference for innovation championing roles ［J］. Journal of International Business Studies，1995，26（1）：47-68.

［132］ Shefrin H M，Thaler R H. The behavioral life-cycle hypothesis ［J］. Economic Inquiry，1988，26（4）：609-643.

［133］ Shin H H，Kim Y H. Agency costs and efficiency of business capital investment：evidence from quarterly capital expenditures ［J］. Journal of Corporate Finance，2002，8（2）：139-158.

［134］ Shleifer A，Vishny R W. Corruption ［J］. The Quarterly Journal of Economics，1993，108（3）：599 -617.

［135］ Shtub A，Leblanc L J，Cai Z. Scheduling programs with repeti-tive projects：a comparison of a simulated annealing，a genetic and a pair-wise swap algorithm ［J］. European Journal of Operational Research，1996，88（1）：124-138.

［136］ Simon H A. A behavioral model of rational choice ［J］. The Quar-terly Journal of Economics，1955，69（1）：99-118.

［137］ Standifird S S，Marshall R S. The transaction cost advantage of guanxi-based business practices ［J］. Journal of World Business，2000，35（1）：21-42.

［138］ Tabish S，Jha K N. Analyses and evaluation of irregularities in public procurement in India [J]. Construction Management and Economics, 2011, 29 (3): 261-274.

[139] Tajfel H, Turner J C. An integrative theory of intergroup conflict [J]. The Social Psychology of Intergroup Relations, 1979, 33 (47): 33-47.

[140] Tam C M. Build-Operate-Transfer model for infrastructure developments in Asia: reasons for successes and failures [J]. International Journal of Project Management, 1999, 17 (6): 377-382.

[141] Taras V, Rowney J, Steel P. Half a century of measuring culture: review of approaches, challenges, and limitations based on the analysis of 121 instruments of quantifying culture [J]. Journal of International Management, 2009, 15 (4): 357-373.

[142] Tareghian H R, Taheri H. An application of randomized minimum cut to the project time/cost tradeoff problem [J]. Applied Mathematics and Computation, 2006, 173 (2): 1200-1207.

[143] Taylor S E, Brown J D. Illusion and well-being: a social psychological perspective on mental health[J]. Psychological Bulletin, 1988, 103 (2): 193-210.

[144] Thaler R H. Mental accounting matters [J]. Journal of Behavioral Decision Making, 1999, 12 (3): 183-206.

[145] Throsby D. Cultural Capital [J]. Journal of Cultural Economics, 1999, 23 (1/2): 3-12.

[146] Toynbee A. A Study of History [M]. New York: Oxford University Press, 1947.

[147] Tsui A S, Schoonhoven C B, Meyer M W, et al. Organization and management in the midst of societal transformation: the People's Republic of China [J]. Organization Science, 2004, 15 (2): 133-144.

［148］Tullock G. The general irrelevance of the general impossibility theorem［J］. The Quarterly Journal of Economics, 1967, 81（2）: 256-270.

［149］Tversky A, Kahneman D. Judgment under uncertainty: heuristics and biases［J］. Science, 1974, 185（4157）: 1124-1131.

［150］Vee C, Skitmore C. Professional ethics in the construction industry［J］. Engineering, Construction and Architectural Management, 2003, 10（2）: 117-127.

［151］Vroom V H, Pahl B. Relationship between age and risk taking among managers［J］. Journal of Applied Psychology, 1971, 55（5）: 399.

［152］Walsh J. Selectivity and selective perception: an investigation of managers' belief structures and information processing［J］. Academy of Management Journal, 1988（31）: 873-896.

［153］Wang S Q, Tiong L K. Case study of government initiatives for PRC's BOT power plant project［J］. International Journal of Project Management, 2000, 18（1）: 69-78.

［154］Weinstein N D. Unrealistic optimism about future life events［J］. Journal of Personality and Social Psychology, 1980, 39（5）: 806-820.

［155］Winch G M. Governing the project process: a conceptual framework［J］. Construction Management & Economics, 2001, 19（8）: 799-808.

［156］Wong S H. Political connections and firm performance: the case of Hong Kong［J］. Journal of East Asian Studies, 2010, 10（2）: 275-313.

［157］Wood A, Berge K. Exporting manufactures: human resources, natural resources, and trade policy［J］. Journal of Development Studies, 1997, 34（1）: 35-59.

［158］Wooldridge J M. Quasi-likelihood methods for count data［J］. Handbook of Applied Econometrics, 1997（2）: 352-406.

［159］Zanna M P，Rempel J K. Attitudes：A New Look at an Old Concept［M］. Cambridge University Press，1988.

［160］Zhu T. A theory of contract and ownership choice in public enterprises under reformed socialism：The case of China's TVEs［J］. China Economic Review，1998，9（1）：59-71.

［161］Zhu J N，Dong Z. Does corruption hinder private businesses？Leadership stability and predictable corruption in China［J］. Governance，2017，30（3）：343-363.

［162］Zukin S，Dimaggio P. Structures of Capital：The Social Organization of Economy［M］. MA：Cambridge University Press，1990.

［163］阿伦森等著. 社会心理学［M］. 侯玉波译. 北京：中国轻工业出版社，2005.

［164］陈传明，孙俊华. 企业家人口背景特征与多元化战略选择——基于中国上市公司面板数据的实证研究［J］. 管理世界，2008（5）：124-135.

［165］陈德球，李思飞，王丛. 政府质量，终极产权与公司现金持有［J］. 管理世界，2011（11）：127-141.

［166］陈柳钦. 公共基础设施 PPP 融资模式问题探讨［J］. 甘肃行政学院学报，2008（6）：83-90.

［167］陈其安，杨秀苔. 基于代理人过度自信的委托—代理关系模型研究［J］. 管理工程学报，2007，21（1）：110-116.

［168］陈守民，郑洪亮. 高阶理论的认知逻辑及其管理实践含义［J］. 经济论坛，2009（16）：4-6.

［169］陈志霞，陈剑峰. 矛盾态度的概念、测量及其相关因素［J］. 心理科学进展，2007，15（6）：962-967.

［170］崔慧杰，杜丹. 地区市场化程度对公司经营绩效的影响分析

[J]. 当代经济，2018（4）：94-95.

[171] 崔崟，陈剑，肖勇波. 行为库存管理研究综述及前景展望 [J].
管理科学学报，2011，14（6）：96-108.

[172] 戴大双，宋金波. BOT 项目特许决策管理 [M]. 北京：电子工
业出版社，2010.

[173] 戴娟萍，郑贤龙. 政治关联会影响企业风险承担吗？——来自
民营上市公司的经验证据 [J]. 财经论丛（浙江财经大学学报），2015，199
（10）：67-76.

[174] 邓建平，曾勇. 政治关联能改善民营企业的经营绩效吗？[J].
中国工业经济，2009（2）：98-108.

[175] 董志强，严太华. 监察合谋：惩罚，激励与合谋防范 [J]. 管理
工程学报，2007，21（3）：94-97.

[176] 杜兴强，雷宇，郭剑花. 政治联系、政治联系方式与民营上市
公司的会计稳健性 [J]. 中国工业经济，2009（7）：87-97.

[177] 段柳. 融资乏途——地方政府蜂拥借道 PPP [N]. 第一财经日
报，2014-01-04.

[178] 樊纲，王小鲁，马光荣. 中国市场化进程对经济增长的贡献
[J]. 经济研究，2011，46（9）：4-16.

[179] 樊纲，王小鲁，朱恒鹏. 中国市场化指数——各地区市场化相
对进程 2006 年度报告 [M]. 北京：经济科学出版社，2006.

[180] 方军雄. 市场化进程与资本配置效率的改善 [J]. 经济研究，
2006（5）：50-61.

[181] 方军雄. 所有制、市场化进程与资本配置效率 [J]. 管理世界，
2007（11）：27-35.

[182] 方勇，孙绍荣. 基于认知心理学的风险决策行为 [J]. 统计与决
策，2006（6）：42-44.

［183］费孝通.乡土中国 ［M］.北京：生活·读书·新知三联书店，1985.

［184］费孝通.中国绅士 ［M］.北京：中国社会科学出版社，2006.

［185］冯天丽，井润田.制度环境与私营企业家政治联系意愿的实证研究 ［J］.管理世界，2009（8）：81-91.

［186］傅允生.市场化进程与区域经济发展的关联分析 ［J］.经济理论与经济管理，2003（8）：54-58.

［187］甘露，李华红.非均衡条件下寻租理论的博弈模型分析 ［J］.生态经济 （学术版），2007（2）：60-64.

［188］顾元媛，沈坤荣.地方官员创新精神与地区创新——基于长三角珠三角地级市的经验证据 ［J］.金融研究，2012（11）：89-102.

［189］过勇.经济转轨滋生廉政机会的微观机制研究——从 594 个廉政要案中得出的结论 ［J］.经济社会体制比较，2006（5）：53-59.

［190］韩震.论国家认同、民族认同及文化认同——一种基于历史哲学的分析与思考 ［J］.北京师范大学学报 （社会科学版），2010(1)：106-113.

［191］何婧，徐龙炳.政治关联对境外上市企业投资效率的影响 ［J］.经济管理，2012（8）：11-19.

［192］何寿奎.公共项目公私伙伴关系合作机理与监管政策研究 ［D］.重庆大学博士学位论文，2009.

［193］何旭东.基于利益相关者理论的工程项目主体行为风险管理研究 ［D］.中国矿业大学博士学位论文，2011.

［194］贺卫，王浣尘.政府经济学中的寻租理论研究 ［J］.上海交通大学学报 （哲学社会科学版），2005，8（2）：51-56.

［195］洪远朋，卢志强，陈波.社会利益关系演进论：我国社会利益关系发展变化的轨迹 ［M］.上海：复旦大学出版社，2006.

[196] 侯杰泰，温忠麟，成子娟. 结构方程模型及其应用 [M]. 北京：教育科学出版社，2004.

[197] 胡国柳，周遂. 政治关联、过度自信与非效率投资 [J]. 财经理论与实践，2012，33（6）：37-42.

[198] 胡旭阳. 民营企业家的政治身份与民营企业的融资便利——以浙江省民营百强企业为例 [J]. 管理世界，2006（5）：107-113.

[199] 黄健柏，杨涛，朱学红. 基于过度自信的相关研究及应用综述 [J]. 预测，2007，26（3）：1-7.

[200] 黄巫琳. BOT 模式中项目公司道德风险模型研究 [D]. 大连理工大学博士学位论文，2009.

[201] 江涛，薛媛. 基于政治资源诅咒效应的地方政府债务风险形成机制及治理 [J]. 理论探讨，2017（5）：90-95.

[202] 江伟. 管理者过度自信，融资偏好与公司投资 [J]. 财贸研究，2010（1）：130-137.

[203] 江小涓. 中国经济发展进入新阶段：挑战与战略 [J]. 经济研究，2004（10）：4-13.

[204] 江晓东，高维，梁雪. 冲突性信息对消费者信息搜索行为的影响——基于功能性食品健康声称的实证研究 [J]. 财贸研究，2013（2）：114-121.

[205] 姜波克，薛斐. 行为金融学的发展与探索 [J]. 复旦学报（社会科学版），2004（5）：57-62.

[206] 姜付秀，伊志宏，苏飞等. 管理者背景特征与企业过度投资行为 [J]. 管理世界，2009（1）：130-139.

[207] 解志苹，吴开松. 全球化背景下国家认同的重塑——基于地域认同、民族认同、国家认同的良性互动 [J]. 青海民族研究，2009，20（4）：21-25.

[208] 金盛华，李慧. 专业人员价值取向的现状研究 [J]. 心理与行为研究，2003，1（2）：100-104.

[209] 金太军，袁建军. 政府与企业的交换模式及其演变规律——观察廉政深层机制的微观视角 [J]. 中国社会科学，2011（1）：102-118.

[210] 柯永建，王守清，陈炳泉. 基础设施PPP项目的风险分担 [J]. 建筑经济，2008（4）：31-35.

[211] 柯永建，王守清，陈炳泉. 激励私营部门参与基础设施PPP项目的措施 [J]. 清华大学学报（自然科学版），2009（9）：48-51.

[212] 柯永建，王守清. PPP项目融资（PPP）——风险分担管理 [M]. 北京：清华大学出版社，2011.

[213] 柯永建，王守清. 特许经营项目融资（PPP）—— 风险分担管理 [M]. 北京：清华大学出版社，2011.

[214] 兰定筠，尹珺祥. 对代建合同成本工期激励系数的研究 [J]. 土木工程学报，2008，41（6）：93-97.

[215] 兰建平，苗文斌. 嵌入性理论研究综述 [J]. 技术经济，2009（1）：104-108.

[216] 乐云，刘敏，李永奎. 政府投资建设项目业主的"隧道行为"及监管博弈 [J]. 土木工程学报，2012，45（2）：236-240.

[217] 雷光勇，李书锋，王秀娟. 政治关联、审计师选择与公司价值 [J]. 管理世界，2009（7）：145-155.

[218] 雷丽彩. 有限理性假设下的大型工程群体决策问题研究 [D]. 南京大学博士学位论文，2012.

[219] 李传宪，干胜道，何益闰. 政治关联与企业过度投资行为研究——基于2008~2010年我国民营上市公司的经验证据 [J]. 上海经济研究，2013（5）：63-68.

[220] 李传宪. 政治关联、非流动资产处置扭亏与公司投资效率研究

[J]. 东北师大学报（哲学社会科学版），2014（4）：85-89.

[221] 李健，陈传明，孙俊华. 企业家政治关联、竞争战略选择与企业价值——基于上市公司动态面板数据的实证研究［J］. 南开管理评论，2012，15（6）：147-157.

[222] 李科，徐龙炳. 融资约束、债务能力与公司业绩［J］. 经济研究，2011（5）：61-73.

[223] 李孔岳，谢琳，宋丽红. 企业家从政经历、参政身份与高壁垒行业的进入［J］. 学术研究，2012（12）：74-79.

[224] 李孔岳，叶艳. 先赋性、后致性政治关系与社会责任——基于重污染行业民营企业的经验数据［J］. 中山大学学报（社会科学版），2016，56（4）：156-165.

[225] 李莉，顾春霞，于嘉懿. 国企高管政治晋升、背景特征与过度投资［J］. 预测，2018，37（1）：29-35.

[226] 李启明，申立银. 风险管理中的风险效应—行为决策模型及分析［J］. 系统工程理论与实践，2001（10）：1-8.

[227] 李启明，申立银. 基础设施 BOT 项目特许权期的决策模型［J］. 管理工程学报，2000，14（1）：43-46.

[228] 李启明，熊伟，袁竞峰. 基于多方满意的 PPP 项目调价机制的设计［J］. 东南大学学报（哲学社会科学版），2010，12（1）：16-20.

[229] 李书娟，徐现祥. 身份认同与经济增长［J］. 经济学（季刊），2016（4）：941-962.

[230] 李文贵，余明桂. 所有权性质、市场化进程与企业风险承担［J］. 中国工业经济，2012（12）：115-127.

[231] 李心丹. 行为金融学：理论及中国的证据［M］. 上海：上海三联书店，2004.

[232] 李真，孟庆峰，盛昭瀚. 考虑公平关切的工期优化收益共享谈判

［J］．系统工程理论与实践，2013，33（1）：82-91.

［233］李真，盛昭瀚，程书萍等．考虑公平偏好的工程供应链质量优化研究［J］．系统科学与数学，2012，31（11）：1403-1411.

［234］连军，刘星，连翠珍．民营企业政治联系的背后：扶持之手与掠夺之手——基于资本投资视角的经验研究［J］．财经研究，2011，37（6）：133-144.

［235］梁菲，陈丽珍．基于斯宾塞信号传递模型的风险投资项目选择博弈分析［R］．江苏省外国经济学说研究会2007年学术年会，2007.

［236］梁国萍，吴超．房地产公司管理者过度自信与现金股利政策关系的实证研究［J］．江西社会科学，2011（2）：87-91.

［237］梁莱歆，冯延超．民营企业政治关联、雇员规模与薪酬成本［J］．中国工业经济，2010（10）：127-137.

［238］梁学光．基于合约安排的基础设施BOT项目特许期形式比较研究［D］．天津大学博士学位论文，2009.

［239］林江，周少君，王鹤．廉政与经济学：一个文献综述［J］．山东经济，2011（6）：21-28.

［240］刘改芳，高翠翠，杨威．文化资本对资源诅咒地区经济发展的影响研究——基于有条件资源诅咒假说［J］．云南财经大学学报，2015（2）：144-153.

［241］刘佳，吴建南，马亮．地方政府官员晋升与土地财政——基于中国地市级面板数据的实证分析［J］．公共管理学报，2012（2）：11-23.

［242］刘剑雄．中国的政治锦标赛竞争研究［J］．公共管理学报，2008（3）：24-31.

［243］刘井建，付杰，纪丹宁．政治关联、债务期限与公司投资效率——基于民营上市公司的DIF-GMM与SYS-GMM检验［J］．现代财经—天津财经大学学报，2017（2）：103-122.

［244］刘文兴，廖建桥，黄诗华. 不确定性规避、工作负担与领导授权行为：控制愿望与管理层级的调节作用［J］. 南开管理评论，2012，15（5）：4-12.

［245］刘新民，温新刚，吴士健. 基于过度自信的双边道德风险规避问题［J］. 上海交通大学学报，2010（3）：373-377.

［246］刘新平，王守清. 试论 PPP 项目的风险分配原则和框架［J］. 建筑经济，2006（2）：59-63.

［247］刘学谦，张公鬼，陈翔.“资源诅咒”的传导机制及其文化审视［J］. 城市问题，2013（1）：2-8.

［248］刘亚臣，常春光. 工程项目融资［M］. 大连：大连理工大学出版社，2008.

［249］刘追，郑倩. 不确定性规避与员工创新行为：创新自我效能感的中介作用［J］. 科技进步与对策，2016，33（4）：149-155.

［250］刘作仪，查勇. 行为运作管理：一个正在显现的研究领域［J］. 管理科学学报，2009（4）：64-74.

［251］卢现祥. 寻租经济学导论［M］. 北京：中国财政经济出版社，2000.

［252］陆龚曙，易涛. 委托代理理论下业主对施工承包商的激励设计［J］. 系统工程，2012，29（9）：72-77.

［253］罗党论，刘晓龙. 政治关系、进入壁垒与企业绩效——来自中国民营上市公司的经验证据［J］. 管理世界，2009（5）：97-106.

［254］罗党论，甄丽明. 民营控制、政治关系与企业融资约束——基于中国民营上市公司的经验证据［J］. 金融研究，2008（12）：164-178.

［255］孟庆峰，盛昭瀚，李真. 基于公平偏好的供应链质量激励机制效率演化［J］. 系统工程理论与实践，2012，32（11）：2394-2403.

［256］彭纪生，仲为国，孙文祥. 地方政府间竞争：经济溢出和技术

溢出视角 [J]. 学海, 2011 (1): 9-14.

[257] 亓霞, 柯永建, 王守清. 基于案例的中国 PPP 项目的主要风险因素分析 [J]. 中国软科学, 2009 (5): 107-113.

[258] 邱闯. 国际工程合同中业主违约下的损害赔偿 [J]. 建筑经济, 2000 (12): 18-21.

[259] 饶育蕾, 张媛, 刘晨. 区域文化差异对个人决策偏好影响的调查研究 [J]. 统计与决策, 2012 (22): 93-98.

[260] 邵帅. 能源开发对我国能源型地区经济增长的影响机制研究 [D]. 哈尔滨工业大学博士学位论文, 2009.

[261] 邵希娟, 杨建梅. 行为决策及其理论研究的发展过程 [J]. 科技管理研究, 2006, 26 (5): 203-205.

[262] 孙犇, 宋艳伟. 官员晋升, 地方经济增长竞争与信贷资源配置 [J]. 当代经济科学, 2012 (1): 46-57.

[263] 孙海法, 伍晓奕. 企业高管团队研究进展 [J]. 管理科学学报, 2003, 6 (4): 82-89.

[264] 谭燕, 陈艳艳, 谭劲松等. 地方上市公司数量、经济影响力与过度投资 [J]. 会计研究, 2011 (4): 43-51.

[265] 唐建新, 罗文涛. 产业政策、政治关联与民营企业投资 [J]. 商业研究, 2016, 62 (11): 33-40.

[266] 陶然, 苏福兵, 陆曦等. 经济增长能够带来晋升吗? ——对晋升锦标竞赛理论的逻辑挑战与省级实证重估 [J]. 管理世界, 2010 (12): 13-26.

[267] 涂铭, 汪霄. PPP 项目风险因素和承担机制研究 [J]. 基建优化, 2007, 28 (4): 25-28.

[268] 汪文雄. 公私营合作 (PPP) 基础设施项目产品定价模型研究 [D]. 东南大学博士学位论文, 2008.

［269］汪应洛，杨耀红. 多合同的激励优化与最优工期确定［J］. 预测，2005，24（2）：60-63.

［270］王红领. 委托人"政府化"与"非政府化"对企业治理结构的影响［J］. 经济研究，2000（7）：56-62.

［271］王守清，柯永建. PPP 项目融资（BOT，PFI 和 PPP）［M］. 北京：清华大学出版社，2008.

［272］王守清. PPP 项目实务研究的集大成者［J］. 建筑，2016（13）：74.

［273］王舒. 基础设施 PPP 项目融资风险分担研究［D］. 重庆交通大学博士学位论文，2012.

［274］王贤彬，徐现祥. 转型期的政治激励，财政分权与地方官员经济行为［J］. 南开经济研究，2009（2）：58-79.

［275］王贤彬，张莉，徐现祥. 辖区经济增长绩效与省长省委书记晋升［J］. 经济社会体制比较，2011（1）：110-122.

［276］王小鲁，樊纲，余静文. 中国分省份市场化指数报告（2016）［M］. 北京：社会科学文献出版社，2017.

［277］王永钦，张晏，章元等. 中国的大国发展道路［J］. 经济研究，2007（1）：4-16.

［278］魏明海，柳建华. 国企分红、治理因素与过度投资［J］. 管理世界，2007（4）：88-95.

［279］翁东风，何洲汀. 基于多维决策变量的工程项目最优激励契约设计［J］. 土木工程学报，2010（11）：139-143.

［280］吴孝灵，周晶，俞潇阳. 基于总包商施工效率的 BOT 项目工期激励合同研究［J］. 科技进步与对策，2011，28（13）：75-80.

［281］吴孝灵. 基于博弈模型的 BOT 项目利益相关者利益协调机制研究［D］. 南京大学博士学位论文，2011.

[282] 吴一平. 财政分权、廉政与治理 [J]. 经济学（季刊），2008，7（3）：1045-1060.

[283] 西蒙赫伯特. 管理行为 [G]. 杨砾，韩春立，徐立译. 北京：机械工业出版社，2008.

[284] 西蒙赫伯特. 现代决策理论的基石 [M]. 杨砾，徐立译，北京：北京经济学院出版社，1989.

[285] 项勇，任宏. 基本建设项目寻租理论博弈分析 [J]. 辽宁工程技术大学学报（社会科学版），2006，7（6）：601-603.

[286] 项勇，陶学明. 基于寻租理论的工程监理博弈行为分析[J]. 四川建筑科学研究，2005（1）：124-127.

[287] 徐鼎. 项目建设期道德风险的博弈分析研究 [J]. 中国软科学，1999（2）：81-84.

[288] 徐细雄，万迪昉，淦未宇. TMT 构成对组织产出影响的国外研究进展及对我国国企改革中高管团队构建的启示 [J]. 管理工程学报，2007，21（4）：39-45.

[289] 徐业坤，钱先航，李维安. 政治不确定性、政治关联与民营企业投资——来自市委书记更替的证据 [J]. 管理世界，2013（5）：116-130.

[290] 许章润. 多元社会利益的正当性与表达的合法化 [J]. 清华大学学报（社会科学版），2008（4）：113.

[291] 严进. 组织行为学 [M]. 北京：北京大学出版社，2009.

[292] 严志辉，钟美瑞，黄健柏. 基于过度自信的多任务委托—代理模型扩展研究 [J]. 系统工程，2006，24（2）：19-22.

[293] 杨海生，罗党论，陈少凌. 资源禀赋、官员交流与经济增长 [J]. 管理世界，2010（5）：17-26.

[294] 杨宏力. 寻租理论的发展流变及其方向瞻望——兼论隐匿权威寻租的源起与治理 [J]. 经济学家，2010（8）：100-104.

［295］杨建科，王宏波，屈旻. 从工程社会学的视角看工程决策的双重逻辑［J］. 自然辩证法研究，2009（1）：76-80.

［296］杨瑞龙，章泉，周业安. 财政分权，公众偏好和环境污染——来自中国省级面板数据的证据［R］. 中国人民大学经济学院经济所宏观经济报告，2007.

［297］杨兴全，张照南. 融资约束、持有现金与公司投资——来自我国上市公司的经验证据［J］. 当代经济管理，2009，31（3）：77-82.

［298］杨宜音. 自我及其边界：文化价值取向角度的研究进展［J］. 国外社会科学，1998（6）：25-29.

［299］于蔚，汪淼军，金祥荣. 政治关联和融资约束：信息效应与资源效应［J］. 经济研究，2012，47（9）：125-139.

［300］余明桂，回雅甫，潘红波. 政治联系，寻租与地方政府财政补贴有效性［J］. 经济研究，2010，45（3）：65-77.

［301］袁建国，后青松，程晨. 企业政治资源的诅咒效应——基于政治关联与企业技术创新的考察［J］. 管理世界，2015（1）：139-155.

［302］袁义淞. 基于 ISM 模型和模糊综合评判的 BOT-TOT-PPP 项目集成融资风险研究［J］. 昆明理工大学学报（自然科学版），2014（5）：109-116.

［303］张尔升. 地方官员的专业禀赋与经济增长［J］. 制度经济学研究，2012（1）：72-85.

［304］张建君，李宏伟. 私营企业的企业家背景、多元化战略与企业业绩［J］. 南开管理评论，2007，10（5）：12-25.

［305］张军，高远. 官员任期，异地交流与经济增长——来自省级经验的证据［J］. 经济研究，2007，42（11）：91-103.

［306］张莉，王贤彬，徐现祥. 财政激励，晋升激励与地方官员的土地出让行为［J］. 中国工业经济，2011（4）：35-43.

［307］张霖琳，刘峰，蔡贵龙.监管独立性、市场化进程与国企高管晋升机制的执行效果——基于2003~2012年国企高管职位变更的数据［J］.管理世界，2015（10）：117-131.

［308］张敏，黄继承.政治关联，多元化与企业风险——来自我国证券市场的经验证据［J］.管理世界，2009（7）：156-164.

［309］张平，赵国昌，罗知.中央官员来源与地方经济增长［J］.经济学（季刊），2012（2）：613-634.

［310］张婷婷.区域文化、管理者特质与企业财务行为［D］.对外经济贸易大学博士学位论文，2017.

［311］张征争，黄登仕.不同风险偏好的过度自信代理人薪酬合同设计［J］.管理工程学报，2009（2）：104-110.

［312］赵向阳，李海，孙川.中国区域文化地图："大一统"抑或"多元化"？［J］.管理世界，2015（2）：101-119.

［313］郑丽婷，金雪军.政治关联与公司治理有效性——基于上市公司证券违规的数据［J］.财经论丛，2017，221（6）：79-87.

［314］钟海燕，冉茂盛，文守逊.政府干预、内部人控制与公司投资［J］.管理世界，2010（7）：98-108.

［315］周黎安，陶婧.政府规模、市场化与地区廉政问题研究［J］.经济研究，2009（1）：57-69.

［316］周黎安.晋升博弈中政府官员的激励与合作——兼论我国地方保护主义和重复建设问题长期存在的原因［J］.经济研究，2004（6）：33-40.

［317］周黎安.中国地方官员的晋升锦标赛模式研究［J］.经济研究，2007（7）：36-50.

［318］周运祥，曹国华.项目融资中风险分担的优化模型分析［J］.重庆大学学报，2005，28（10）：136-138.

[319] 周泽将，刘中燕. 独立董事本地任职对上市公司违规行为之影响研究——基于政治关联与产权性质视角的经验证据 [J]. 中国软科学，2017（7）：116-125.

[320] 朱学红，钟美瑞，黄健柏. 行为委托——代理激励新模型及分析框架 [J]. 经济管理，2007（1）：53-57.

[321] 朱永明，贾明娥. 市场化进程、融资约束与企业技术创新——基于中国高新技术企业 2010~2014 年数据的分析 [J]. 商业研究，2017，59(1)：49-56.

[322] 曾庆生，姜红玲. 市场化进程、地区失业率与上市公司社会性负担 [J]. 上海管理科学，2006，28（6）：19-22.

[323] 左廷亮，赵立力，唐智慧. BOT 项目中的政府保证及其适用范围辨析 [J]. 软科学，2008，22（1）：78-82.

后 记

随着本书的完稿，人生第一个自然科学基金的研究即将告一段落。本书对PPP项目个体行为风险进行了完整系统的实证研究。成稿离不开各位老师、同门以及学生的帮助。感谢我的导师——南京大学工程管理学院周晶教授，在博士期间对我的培养为后续的学术道路奠定了基础；感谢北京大学光华管理学院仲为国副教授，在申请自科基金的过程中给予的鼎力支持，从选题到不厌其烦地修改，使我获益良多；感谢南京大学商学院邹昕和姚赟茜两位硕士，她们在课题研究的过程中付出了大量的时间和精力，尤其是对第六、第七两章的相关研究付出辛勤劳动，促成本书顺利成稿。

这里也要感谢我的家人以及一直以来关心支持我的朋友们。他们给予我的关爱和鼓励，给了我不断前行的决心和勇气，激励着我做更好的自己，在此一并表示感谢。

在本书的研究过程中，发现了很多值得思考与研究的议题。对PPP模式的研究还未结束，我会将这份感激化为努力，答谢那些关心与帮助过我的人们。

感恩与你们相伴！